Impressum
Verlag: BABADADA GmbH, Nedderfeld 112 , 22529 Hamburg
Geschäftsführer / Verlagsleitung: Harald Hof
Druck: Books on Demand GmbH, In de Tarpen 42, 22848 Norderstedt

Imprint
Publisher: BABADADA GmbH, Nedderfeld 112 , 22529 Hamburg, Germany
Managing Director / Publishing direction: Harald Hof
Print: Books on Demand GmbH, In de Tarpen 42, 22848 Norderstedt

escola
σχολείο

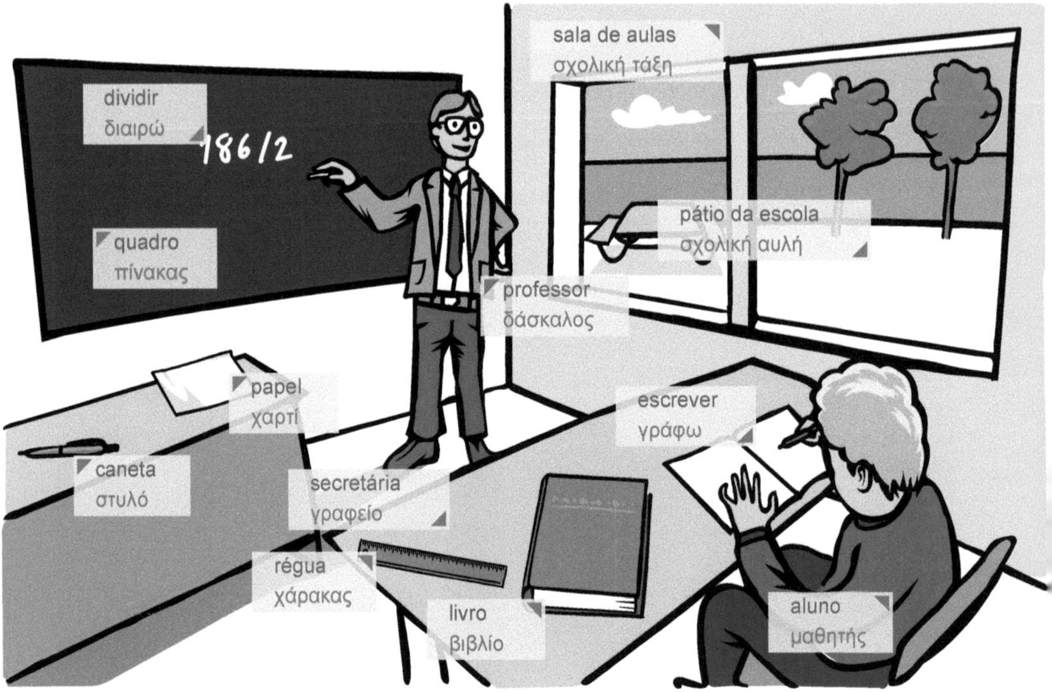

sala de aulas
σχολική τάξη
dividir
διαιρώ
186/2
quadro
πίνακας
pátio da escola
σχολική αυλή
professor
δάσκαλος
papel
χαρτί
escrever
γράφω
caneta
στυλό
secretária
γραφείο
régua
χάρακας
livro
βιβλίο
aluno
μαθητής

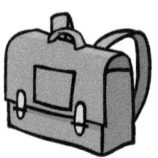

mochila
σχολική τσάντα

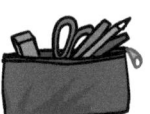

estojo de lápis
κασετίνα/ μολυβοθήκη

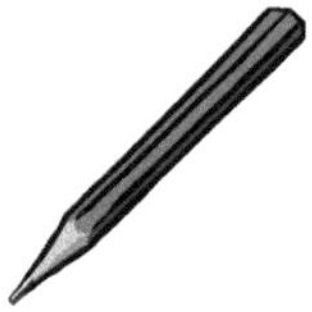

lápis
μολύβι

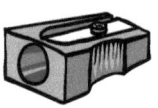

afia-lápis
ξύστρα

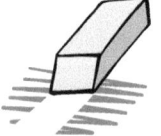

borracha
γόμα

bloco de desenho
μπλοκ ζωγραφικής

desenho

ζωγραφική

pincel

πινέλο

caixa de tintas

κουτί χρωμάτων

tesoura

ψαλίδι

cola

κόλλα

livro de exercícios

τετράδιο ασκήσεων

trabalhos de casa

εργασία για το σπίτι

número

αριθμός

2+2

somar

προσθέτω

5-2

subtrair

αφαιρώ

2×2

multiplicar

πολλαπλασιάζω

calcular

υπολογίζω

letra

γράμμα

ABCDEFG HIJKLMN OPQRSTU VWXYZ

alfabeto

αλφάβητο

palavra

λέξη

texto

κείμενο

ler

διαβάζω

giz

κιμωλία

hora

μάθημα

registo de presenças

εγγράφομαι

exame

τεστ

certificado

πιστοποιητικό

uniforme escolar

μαθητική στολή

educação

εκπαίδευση

enciclopédia

εγκυκλοπαίδεια

universidade

πανεπιστήμιο

microscópio

μικροσκόπιο

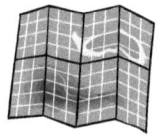

mapa

χάρτης

cesto de lixo

καλάθι αχρήστων

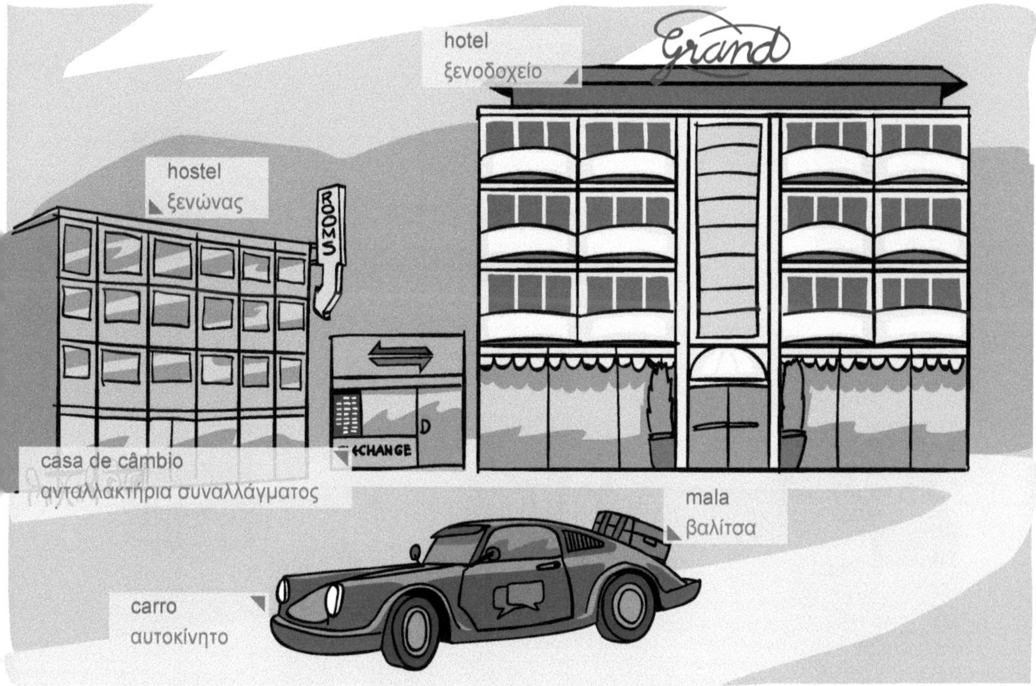

hotel
ξενοδοχείο
Grand
hostel
ξενώνας
ROOMS
€CHANGE
casa de câmbio
ανταλλακτήρια συναλλάγματος
mala
βαλίτσα
carro
αυτοκίνητο

idioma

γλώσσα

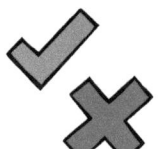

sim / não

ναι / όχι

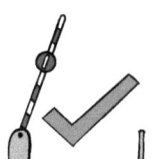

ok / certo / correto

εντάξει

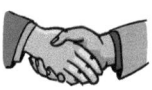

olá

γεια σου

intérprete

μεταφραστής

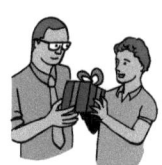

obrigado

Ευχαριστώ

quanto é que custa... ?

πόσο κάνει ;

não entendo

Δε καταλαβαίνω

problema

πρόβλημα

boa noite!

Καλησπέρα!

Bom dia!

Καλημέρα!

Boa noite!

Καληνύχτα!

adeus

Αντίο

direção

κατεύθυνση

bagagem

αποσκευές

saco

τσάντα

mochila

σακίδιο πλάτης

convidado

καλεσμένος

quarto

δωμάτιο

saco-cama

υπνόσακος

tenda

σκηνή

informação turística

τουριστικές πληροφορίες

praia

παραλία

cartão de crédito

πιστωτική κάρτα

pequeno-almoço

πρωινό

almoço

μεσημεριανό

jantar

δείπνο

bilhete

εισιτήριο

elevador

ανελκυστήρας

selo postal

γραμματόσημο

fronteira

σύνορα

alfândega

τελωνείο

embaixada

πρεσβεία

visto

βίζα

passaporte

διαβατήριο

transporte

μεταφορά

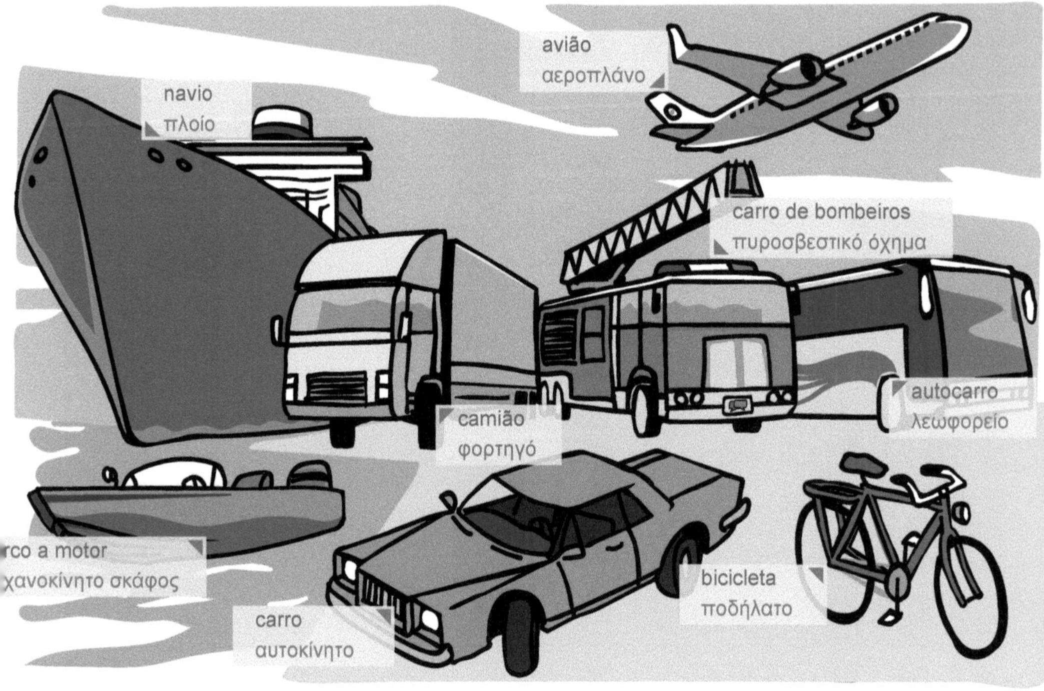

avião
αεροπλάνο
navio
πλοίο
carro de bombeiros
πυροσβεστικό όχημα
autocarro
λεωφορείο
camião
φορτηγό
rco a motor
χανοκίνητο σκάφος
bicicleta
ποδήλατο
carro
αυτοκίνητο

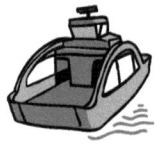

cacilheiro

φεριμπότ

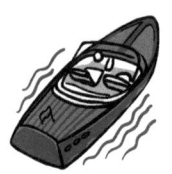

barco

βάρκα

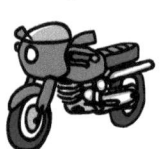

mota

μοτοσικλέτα

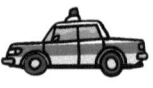

carro de polícia

περιπολικό

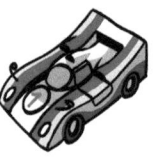

carro de corrida

αγωνιστικό αυτοκίνητο

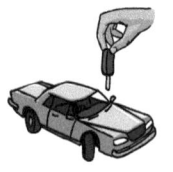

carro alugado

ενοικιαζόμενο αυτοκίνητο

carsharing

διαμοιρασμός αυτοκινήτων

camião de reboque

γερανός

camião do lixo

απορριμματοφόρο

motor

κινητήρας

combustível

καύσιμο

estação de serviço

βενζινάδικο

sinal de trânsito

πινακίδα σήμανσης

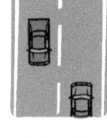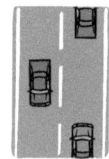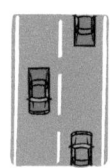

trânsito

κυκλοφορία

congestionamento de
trânsito

κυκλοφοριακή συμφόρηση

parque de estacionamento

χώρος στάθμευσης

estação ferroviária

σιδηροδρομικός σταθμός

carris

σιδηροδρομικές γραμμές

comboio

τρένο

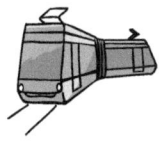

elétrico

τραμ

carruagem

βαγόνι

helicóptero

ελικόπτερο

aeroporto

αεροδρόμιο

torre

πύργος

passageiro

επιβάτης

contentor

εμπορευματοκιβώτιο

caixa de papelão

χαρτοκιβώτιο

carrinho

καρότσι

cesto

καλάθι

levantar voo / aterrar

απογειώνομαι /
προσγειώνομαι

cidade

πόλη

aldeia

χωριό

centro da cidade

κέντρο της πόλης

casa

σπίτι

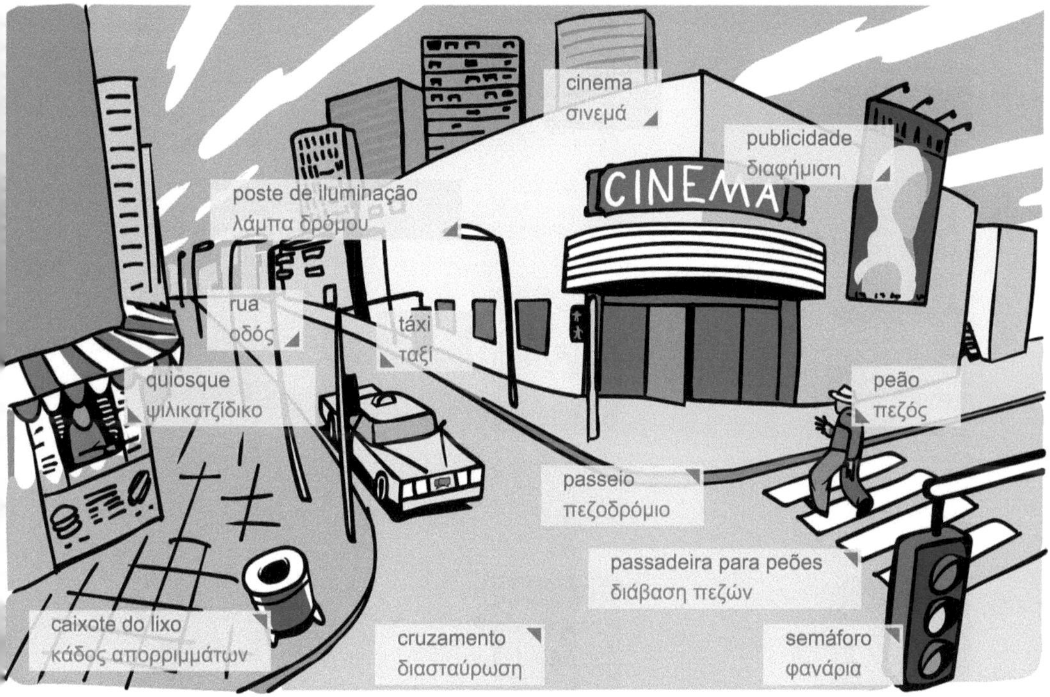

cinema
σινεμά
CINEMA
publicidade
διαφήμιση
poste de iluminação
λάμπα δρόμου
rua
οδός
táxi
ταξί
quiosque
ψιλικατζίδικο
peão
πεζός
passeio
πεζοδρόμιο
passadeira para peões
διάβαση πεζών
caixote do lixo
κάδος απορριμμάτων
cruzamento
διασταύρωση
semáforo
φανάρια

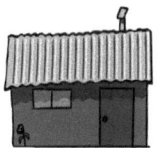

cabana

καλύβα

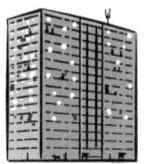

apartamento

διαμέρισμα

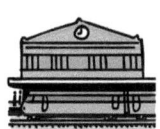

estação ferroviária

σιδηροδρομικός σταθμός

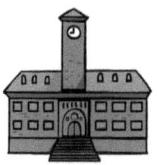

câmara municipal

δημαρχείο

MUSEUM

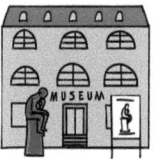

museu

μουσείο

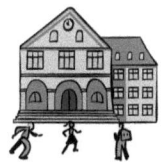

escola

σχολείο

universidade

πανεπιστήμιο

banco

τράπεζα

hospital

νοσοκομείο

hotel

ξενοδοχείο

farmácia

φαρμακείο

escritório

γραφείο

livraria

βιβλιοπωλείο

loja

κατάστημα

florista

ανθοπωλείο

supermercado

σούπερ μάρκετ

mercado

αγορά

loja de departamentos

πολυκατάστημα

peixaria

ιχθυοπωλείο

centro comercial

εμπορικό κέντρο

porto

λιμάνι

parque

πάρκο

banco

παγκάκι

ponte

γέφυρα

escadas

σκάλες

metro

μετρό

túnel

τούνελ

paragem de autocarro

στάση λεωφορείου

bar

μπαρ

restaurante

εστιατόριο

caixa de correio

γραμματοκιβώτιο

sinal de trânsito

πινακίδα δρόμου

parquímetro

παρκόμετρο

jardim zoológico

ζωολογικός κήπος

piscina

πισίνα

mesquita

τζαμί

quinta

αγρόκτημα

poluição

ρύπανση

cemitério

νεκροταφείο

igreja

εκκλησία

parque infantil

παιδική χαρά

templo

ναός

paisagem

τοπίο

folha
φύλλο

placa de sinalização
πινακίδα κατεύθυνσης

caminho
δρόμος

prado
λιβάδι

pedra
πέτρα

árvore
δέντρο

caminhantes
πεζοπόρος

rio
ποτάμι

relva
χορτάρι

flor
λουλούδι

vale

κοιλάδα

montanha

λόφος

lago

λίμνη

floresta

δάσος

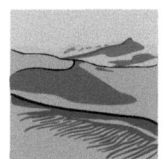

deserto

έρημος

vulcão

ηφαίστειο

castelo

κάστρο

arco-íris

ουράνιο τόξο

cogumelo

μανιτάρι

palma

φοίνικας

mosquito

κουνούπι

mosca

μύγα

formiga

μυρμήγκι

abelha

μέλισσα

aranha

αράχνη

besouro

σκαθάρι

sapo

βάτραχος

esquilo

σκίουρος

ouriço

σκαντζόχοιρος

lebre

λαγός

coruja

κουκουβάγια

pássaro

πουλί

cisne

κύκνος

javali

αγριογούρουνο

veado

ελάφι

alce

άλκη

barragem

φράγμα

turbina eólica

ανεμογεννήτρια

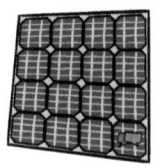

painel solar

ηλιακός συλλέκτης

clima

κλίμα

paisagem - τοπίο

restaurante
εστιατόριο

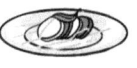

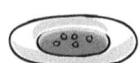

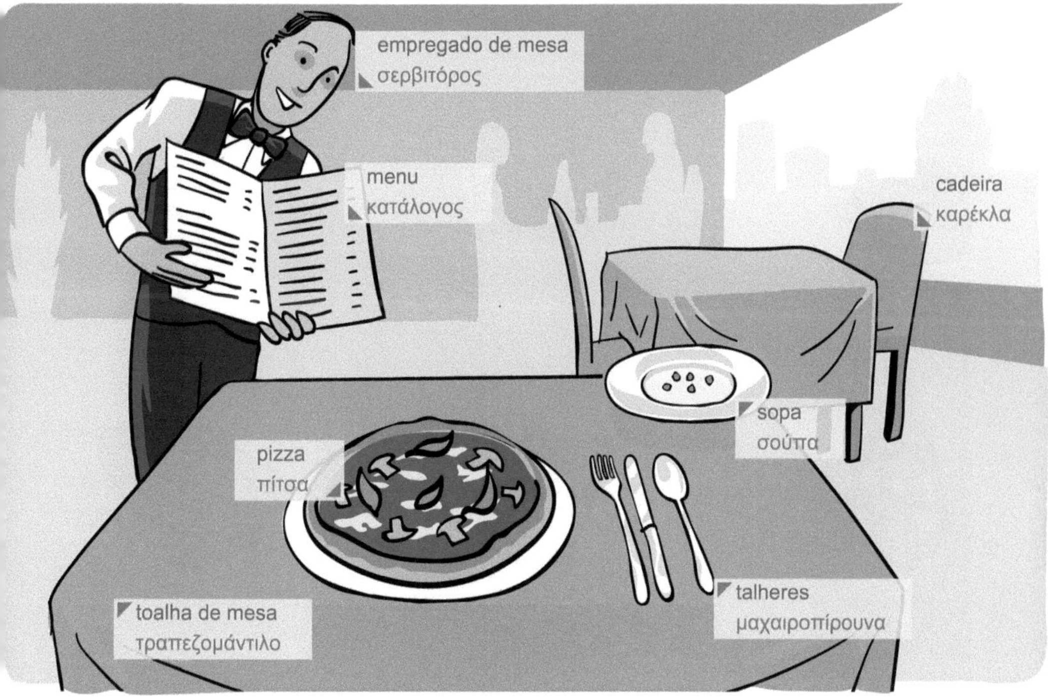

empregado de mesa
σερβιτόρος
menu
κατάλογος
cadeira
καρέκλα
sopa
σούπα
pizza
πίτσα
talheres
μαχαιροπίρουνα
toalha de mesa
τραπεζομάντιλο

entrada
ορεκτικό

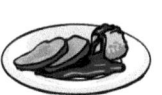

prato principal
κύριο πιάτο

sobremesa
επιδόρπιο

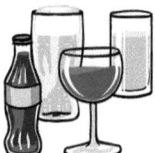

bebidas
ποτά

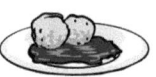

comida
φαγητό

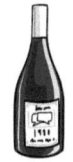

garrafa
μπουκάλι

fast food

φαστ φουντ

comida de rua

φαγητό στ' όρθιο

bule de chá

τσαγιέρα

açucareiro

δοχείο ζάχαρης

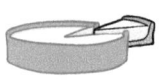

porção

μερίδα

máquina de café expresso

μηχανή εσπρέσο

cadeira alta

ψηλή καρέκλα

conta

λογαριασμός

bandeja

δίσκος

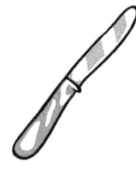

faca

μαχαίρι

garfo

πιρούνι

colher

κουτάλι

colher de chá

κουταλάκι του τσαγιού

guardanapo

πετσέτα φαγητού

copo

ποτήρι

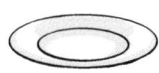

prato

πιάτο

prato de sopa

πιάτο σούπας

pires

πιατάκι φλιτζανιού

molho

σάλτσα

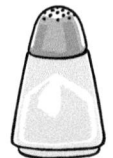

saleiro

αλατιέρα

moinho de pimenta

μύλος για πιπέρι

vinagre

ξύδι

óleo

λάδι

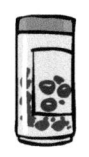

especiarias

μπαχαρικά

ketchup

κέτσαπ

mostarda

μουστάρδα

maionese

μαγιονέζα

supermercado

σούπερ μάρκετ

oferta especial
προσφορά
FOR
cliente
πελάτης
laticínios
γαλακτοκομικά προϊόντα
fruta
φρούτα
carrinho de compras
καρότσι για ψώνια

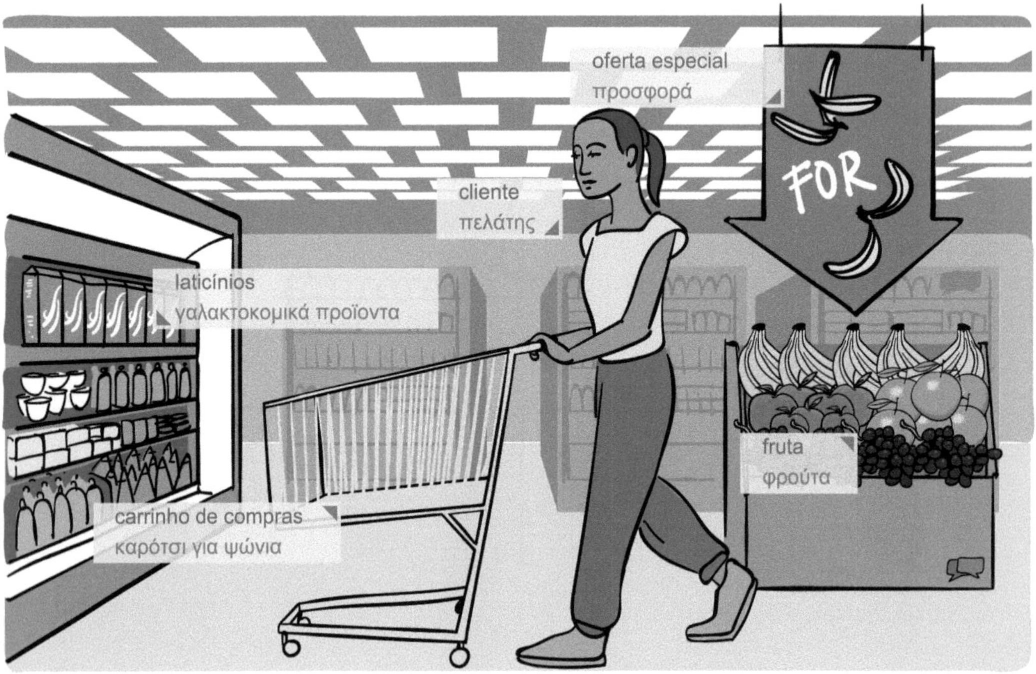

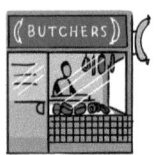

BUTCHERS

talho

κρεοπωλείο

BAKERY

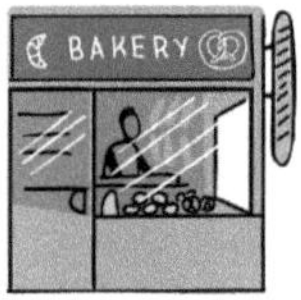

padaria

φούρνος

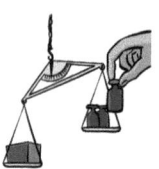

pesar

ζυγίζω

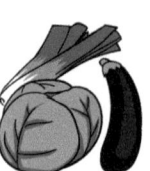

vegetais

λαχανικά

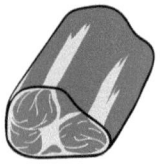

carne

κρέας

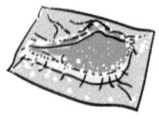

alimentos congelados

κατεψυγμένα τρόφιμα

charcutaria

αλλαντικά

comida enlatada

κονσερβοποιημένη τροφή

detergente em pó

απορρυπαντικό ρούχων

doces

γλυκά

artigos domésticos

οικιακά είδη

produtos de limpeza

καθαριστικά προϊόντα

vendedora

πωλήτρια

caixa

ταμείο

caixa

ταμίας

lista de compras

λίστα για ψώνια

horário de funcionamento

ωράριο λειτουργίας

carteira

πορτοφόλι

cartão de crédito

πιστωτική κάρτα

saco

τσάντα

saco de plástico

πλαστική σακούλα

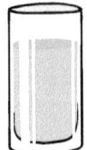

água

νερό

sumo

χυμός

leite

γάλα

coca-cola

κόκα κόλα

vinho

κρασί

cerveja

μπίρα

álcool

αλκοόλ

cacau

κακάο

chá

τσάι

café

καφές

café expresso

εσπρέσο

capuccino

καπουτσίνο

banana

μπανάνα

maçã

μήλο

laranja

πορτοκάλι

melão

πεπόνι

limão

λεμόνι

cenoura

καρότο

alho

σκόρδο

bambu

μπαμπού

cebola

κρεμμύδι

cogumelo

μανιτάρι

nozes

ξηροί καρποί

talharim

νουντλς

esparguete

μακαρόνια

arroz

ρύζι

salada

σαλάτα

batatas fritas

πατατάκια

batatas fritas

τηγανητές πατάτες

pizza

πίτσα

hambúrguer

χάμπουργκερ

sanduíche

σάντουιτς

bife panado

κοτολέτα

fiambre

ζαμπόν

salame

σαλάμι

salsicha

λουκάνικο

galinha

κοτόπουλο

assado

ψητό

peixe

ψάρι

flocos de aveia

χυλός βρώμης

muesli

μούσλι

flocos de milho

κορν φλέικς

farinha

αλεύρι

croissant

κρουασάν

carcaça (pãozinho)

ψωμάκι

pão

ψωμί

torrada

τοστ

biscoitos

μπισκότα

manteiga

βούτυρο

requeijão

τυρόπηγμα

bolo

κέικ

ovo

αυγό

ovo estrelado

τηγανητό αυγό

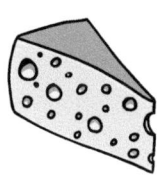

queijo

τυρί

gelado	açúcar	mel
παγωτό	ζάχαρη	μέλι

compota	creme de nougat	caril
μαρμελάδα	άλλειμμα σοκολάτας	κάρυ

quinta
αγρόκτημα

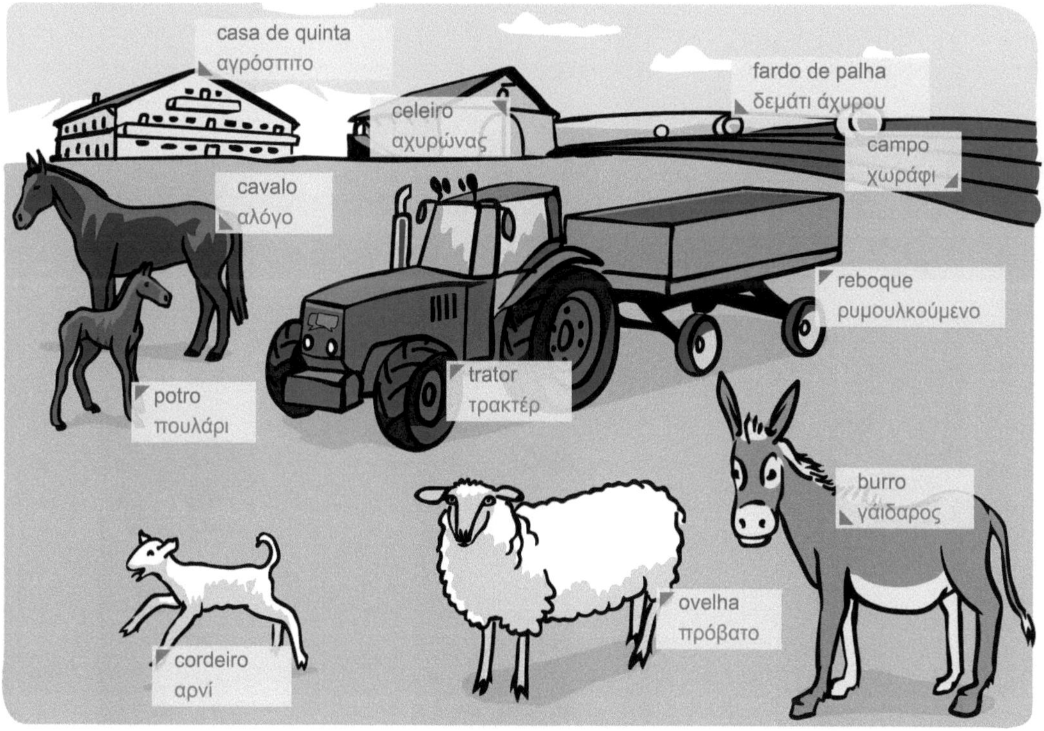

casa de quinta
αγρόσπιτο
celeiro
αχυρώνας
fardo de palha
δεμάτι άχυρου
campo
χωράφι
cavalo
αλόγο
reboque
ρυμουλκούμενο
trator
τρακτέρ
potro
πουλάρι
burro
γάιδαρος
ovelha
πρόβατο
cordeiro
αρνί

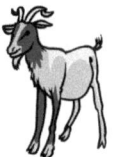

cabra
κατσίκα

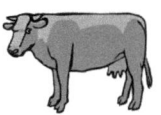

vaca
αγελάδα

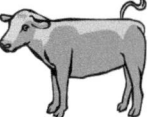

bezerro
μοσχαράκι

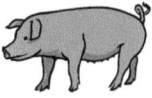

porco
γουρούνι

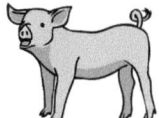

leitão
γουρουνάκι

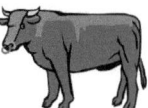

touro
ταύρος

ganso

χήνα

pato

πάπια

pintaínho

κοτοπουλάκι

galinha

κότα

galo

κόκορας

ratazana

αρουραίος

gato

γάτα

rato

ποντίκι

boi

βόδι

cão

σκύλος

casota

σπιτάκι σκύλου

mangueira de jardim

λάστιχο κήπου

regador

ποτιστήρι

foice

θεριστήρι

arado

αλέτρι

quinta - αγρόκτημα

foice

δρεπάνι

enxada

τσάπα

forquilha

δίκρανο

machado

τσεκούρι

carrinho de mão

χειράμαξα

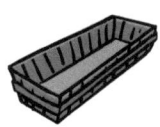

manjedoura

ταΐστρα

jarro de leite

δοχείο γάλακτος

saco

σάκος

cerca

φράχτης

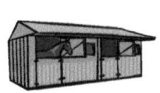

estábulo

στάβλος

estufa

θερμοκήπιο

solo

έδαφος

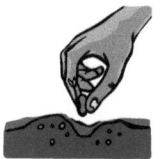

semente

σπόρος

fertilizante

λίπασμα

ceifeira-debulhadora

θεριζοαλωνιστική μηχανή

colher

θερίζω

colheita

συγκομιδή

inhame

γιαμς

trigo

σιτάρι

soja

σόγια

batata

πατάτα

milho

καλαμπόκι

colza

κράμβη

árvore de fruto

οπωροφόρο δέντρο

mandioca

μανιόκα

cereais

δημητριακά

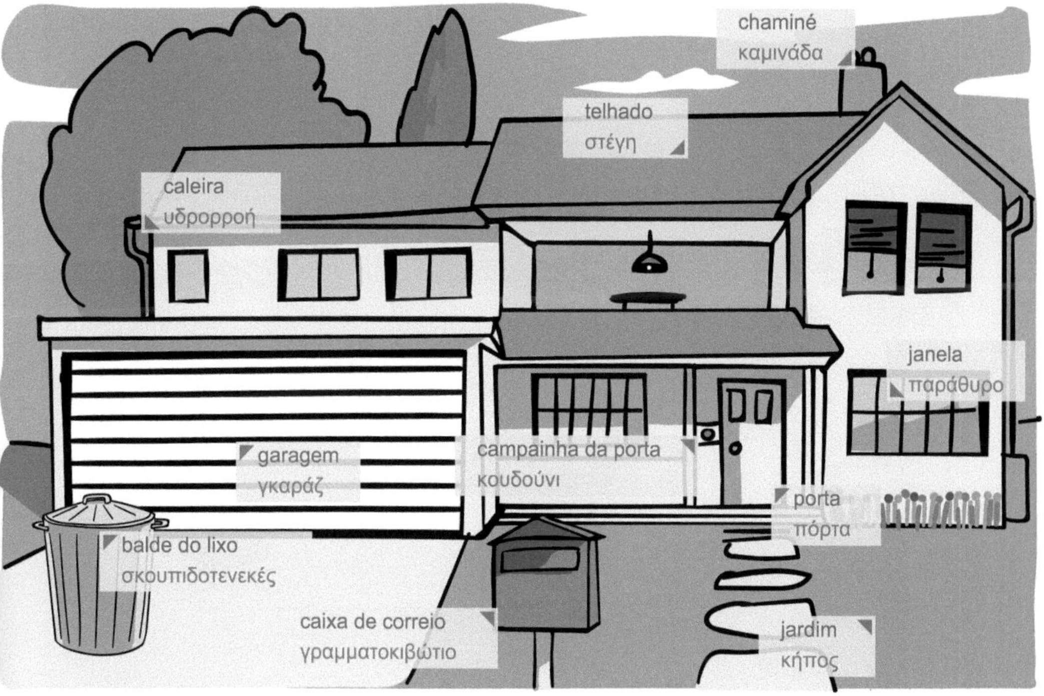

chaminé
καμινάδα

telhado
στέγη

caleira
υδρορροή

janela
παράθυρο

garagem
γκαράζ

campainha da porta
κουδούνι

porta
πόρτα

balde do lixo
σκουπιδοτενεκές

caixa de correio
γραμματοκιβώτιο

jardim
κήπος

sala de estar

σαλόνι

casa de banho

μπάνιο

cozinha

κουζίνα

quarto de dormir

υπνοδωμάτιο

quarto de criança

παιδικό δωμάτιο

sala de jantar

τραπεζαρία

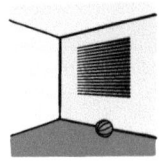

chão

πάτωμα

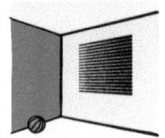

parede

τοίχος

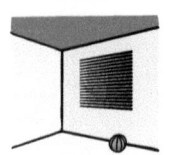

teto

οροφή

cave

κελάρι

sauna

σάουνα

varanda

μπαλκόνι

terraço

βεράντα

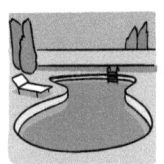

piscina

πισίνα

máquina de cortar relvado

μηχανή του γκαζόν

lençol

σεντόνι

cobertor

κάλυμμα κρεβατιού

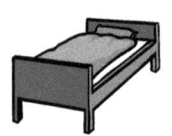

cama

κρεβάτι

vassoura

σκούπα

balde

κουβάς

interruptor

διακόπτης

sala de estar
σαλόνι

papel de parede
ταπετσαρία
imagem
φωτογραφία
lâmpada
λάμπα
prateleira
ράφι
armário
ντουλάπι
televisão
τηλεόραση
lareira
τζάκι
flor
λουλούδι
almofada
μαξιλάρι
sofá
καναπές
vaso
βάζο
controlo remoto
τηλεκοντρόλ

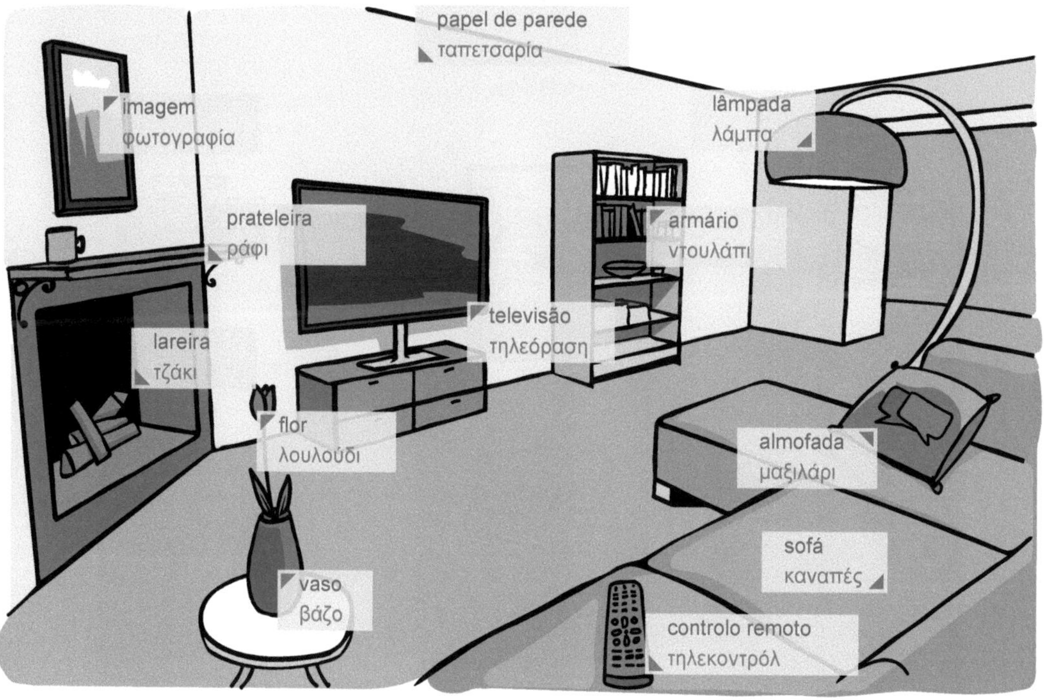

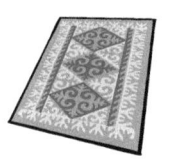

tapete

χαλί

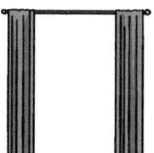

cortina

κουρτίνα

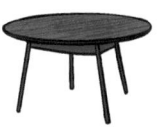

mesa

τραπέζι

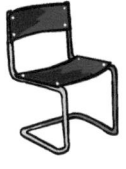

cadeira

καρέκλα

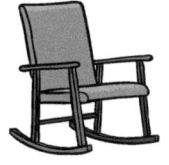

cadeira de baloiço

κουνιστή πολυθρόνα

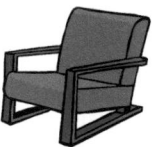

poltrona

πολυθρόνα

livro

βιβλίο

cobertor

κουβέρτα

decoração

διακόσμηση

lenha

καυσόξυλα

filme

ταινία

sistema estéreo

στερεοφωνικό σύστημα

chave

κλειδί

jornal

εφημερίδα

pintura

πίνακας ζωγραφικής

póster

αφίσα

rádio

ραδιόφωνο

bloco de notas

σημειωματάριο

aspirador

ηλεκτρική σκούπα

cato

κάκτος

vela

κερί

cozinha
κουζίνα

frigorífico
ψυγείο
microondas
φούρνος μικροκυμάτων
balança de cozinha
ζυγαριά κουζίνας
torradeira
τοστιέρα
detergente
απορρυπαντικό
forno
φούρνος
congelador
κατάψυξη
balde do lixo
σκουπιδοτενεκές
máquina de lavar louça
πλυντήριο πιάτων

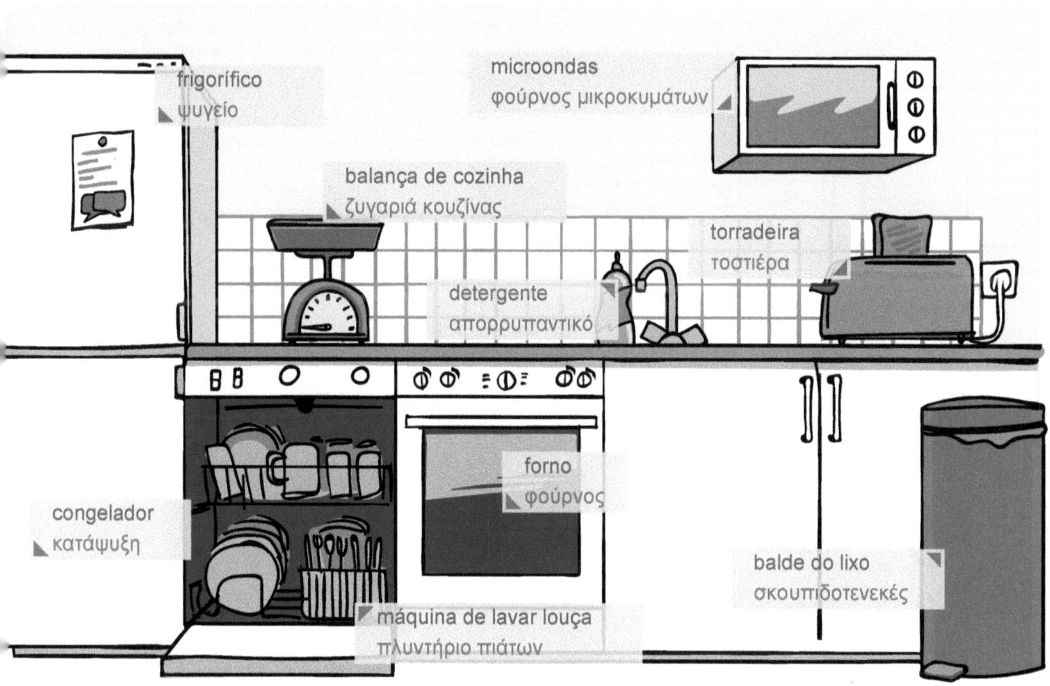

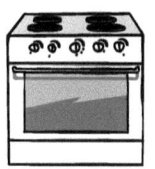

fogão

κουζίνα

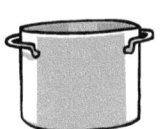

panela

κατσαρόλα

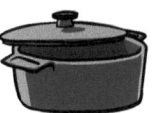

panela de ferro

μαντεμένια κατσαρόλα

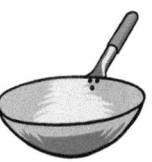

wok / kadai

γουόκ/καντάι

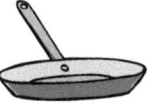

frigideira

τηγάνι

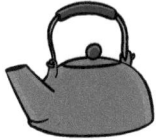

chaleira

βραστήρας

panela a vapor

ατμομάγειρας

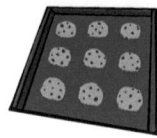

tabuleiro de forno

ταψί

louça

πιατικά

caneca

κούπα

tigela

μπολ

pauzinhos

ξυλάκια

concha de sopa

κουτάλα

espátula

σπάτουλα

batedor de claras

ανακατεύω

escorredor

σουρωτήρι

peneira

σουρωτηράκι

ralador

τρίφτης

almofariz

γουδί

churrasqueira

ψησταριά

lareira

ανοιχτή φωτιά

tábua de cortar

σανίδα κοπής

rolo da massa

πλάστης

saca-rolhas

ανοιχτήρι φελλών

lata

κονσέρβα

abridor de latas

ανοιχτήρι κονσέρβας

luvas de forno

γάντι φούρνου

lava-loiça

νεροχύτης

escova

βούρτσα

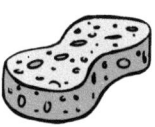

esponja

σφουγγάρι

liquidificador

μπλέντερ

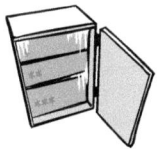

arca frigorífica

καταψύκτης

biberão

μπιμπερό

torneira

βρύση

casa de banho

μπάνιο

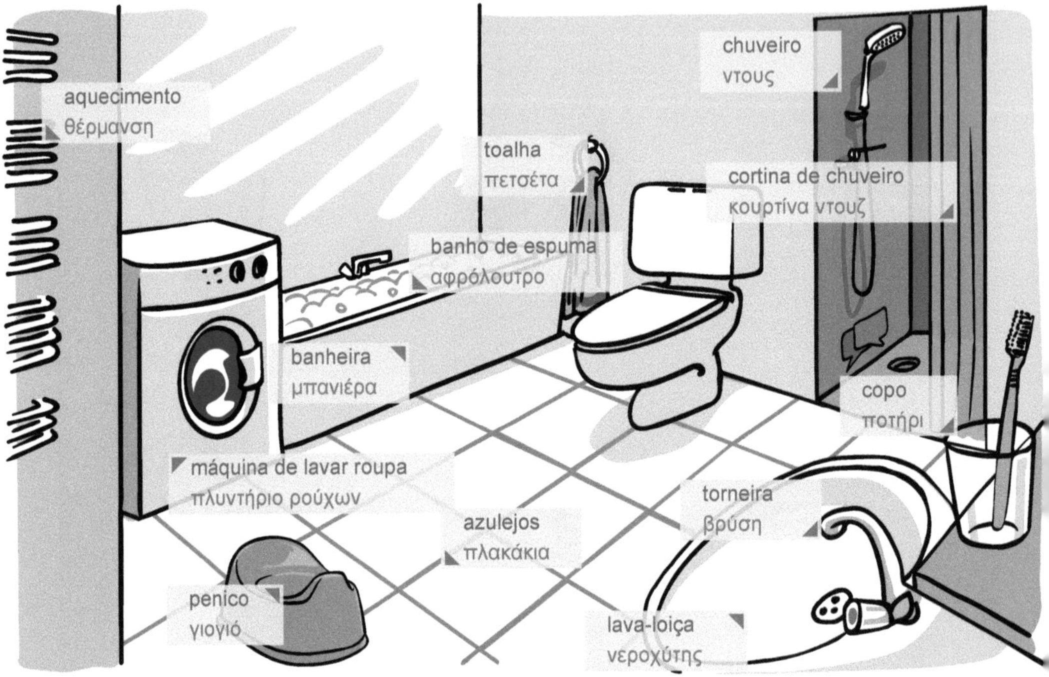

aquecimento
θέρμανση
toalha
πετσέτα
chuveiro
ντους
cortina de chuveiro
κουρτίνα ντουζ
banho de espuma
αφρόλουτρο
banheira
μπανιέρα
copo
ποτήρι
máquina de lavar roupa
πλυντήριο ρούχων
torneira
βρύση
azulejos
πλακάκια
penico
γιογιό
lava-loiça
νεροχύτης

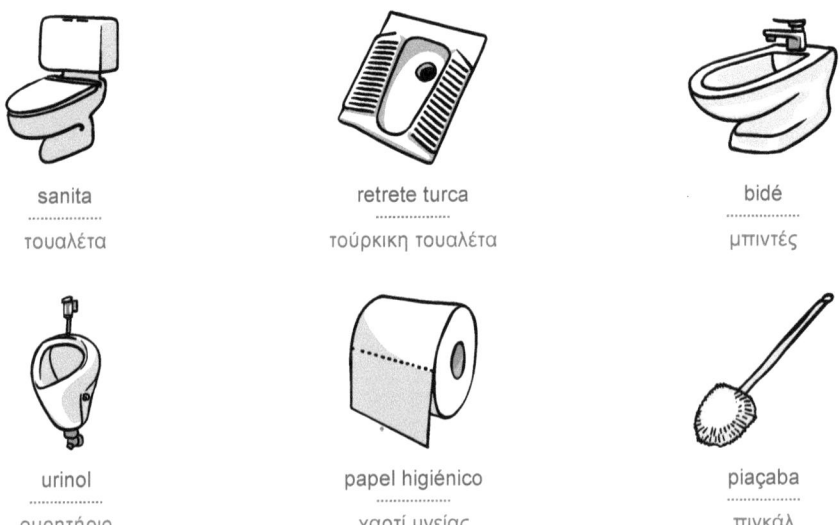

sanita

τουαλέτα

retrete turca

τούρκικη τουαλέτα

bidé

μπιντές

urinol

ουρητήριο

papel higiénico

χαρτί υγείας

piaçaba

πιγκάλ

escova de dentes

οδοντόβουρτσα

pasta de dentes

οδοντόκρεμα

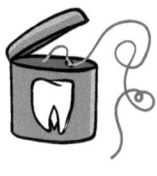

fio dentário

οδοντικό νήμα

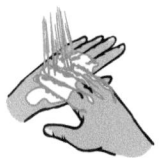

lavar

πλένω

chuveiro de mão

τηλέφωνο ντους

duche íntimo

ντουσιέρα

bacia

λεκάνη

escova para as costas

βούρτσα πλάτης

sabonete

σαπούνι

gel de banho

αφρόλουτρο

champô

σαμπουάν

toalha de rosto

φανέλα

escoamento

σιφόνι

creme

κρέμα

desodorizante

αποσμητικό

espelho

καθρέφτης

espelho de mão

καθρέφτης χειρός

máquina de barbear

ξυραφάκι

creme de barbear

αφρός ξυρίσματος

loção pós-barba

αφτερσέιβ

pente

χτένα

escova

βούρτσα

secador de cabelo

σεσουάρ

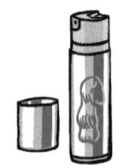

spray de cabelo

λακ

maquilhagem

μακιγιάζ

batom

κραγιόν

verniz de unhas

βερνίκι νυχιών

algodão

βαμβάκι

tesoura para unhas

ψαλίδι νυχιών

perfume

άρωμα

nécessaire

νεσεσέρ

tamborete

σκαμπό

balança

ζυγαριά

roupão de banho

μπουρνούζι

luvas de borracha

ελαστικά γάντια

tampão

ταμπόν

penso higiénico

πετσέτα υγιεινής

WC químico

χημική τουαλέτα

quarto de criança

παιδικό δωμάτιο

despertador
ξυπνητήρι
peluche
λούτρινο ζωάκι
carro de brincar
αυτοκινητάκι
chocalho
κουδουνίστρα
casa de bonecas
κουκλόσπιτο
presente
δώρο

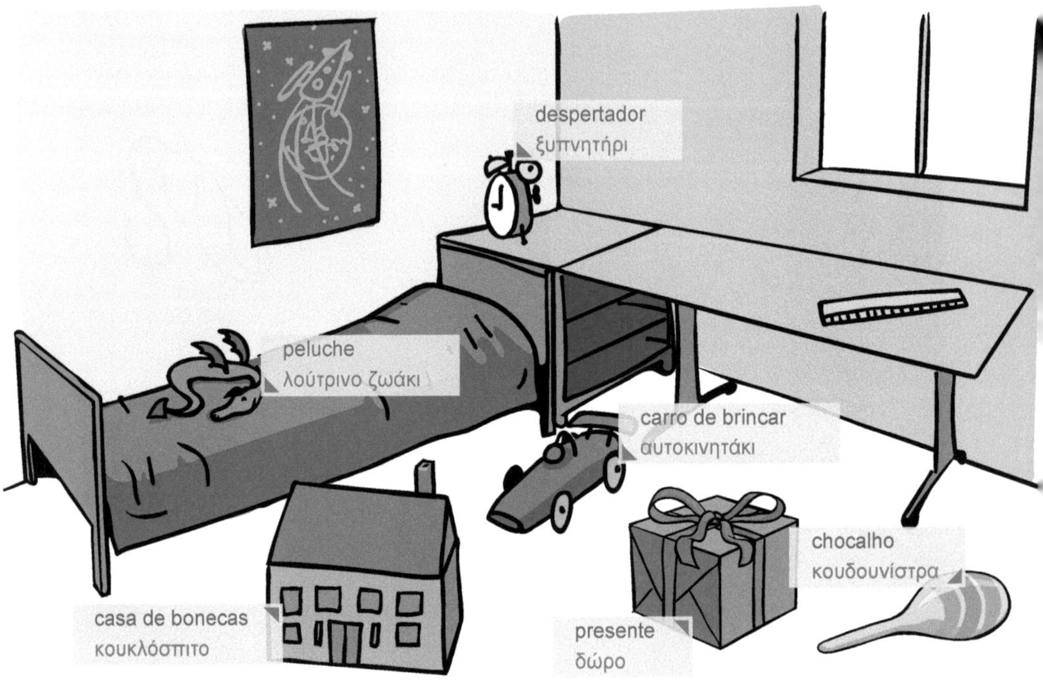

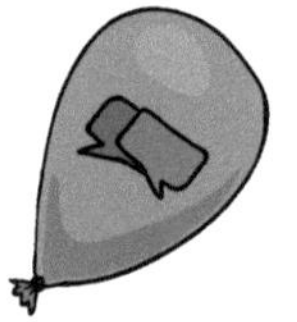

balão

μπαλόνι

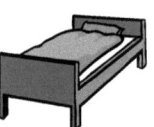

cama

κρεβάτι

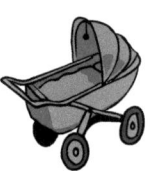

carrinho de bebé

καροτσάκι

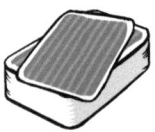

jogo de cartas

τράπουλα

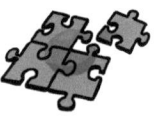

quebra-cabeças

παζλ

banda desenhada

κόμικς

peças de Lego
τουβλάκια lego

blocos de construção
τουβλάκια κατασκευών

figura de ação
φιγούρα δράσης

fato de bebé
βρεφικό φορμάκι

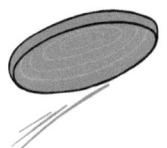

Frisbee
φρίσμπι

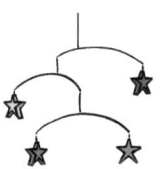

móbile para bebé
μόμπιλο

jogo de tabuleiro
επιτραπέζιο παιχνίδι

dados
ζάρια

pista de comboio elétrico
σετ τρενάκι

chupeta
πιπίλα

festa
πάρτι

livro ilustrado
εικονογραφημένο βιβλίο

bola
μπάλα

boneca
κούκλα

jogar
παίζω

caixa de areia

σκάμμα με άμμο

baloiço

κούνια

brinquedos

παιχνίδια

consola de jogos

κονσόλα βιντεοπαιχνιδιών

triciclo

τρίκυκλο

ursinho de peluche

αρκουδάκι

guarda-roupa

ντουλάπα

vestuário

ρούχα

meias

κάλτσες

meias pelo joelho

καλτσοδέτες

meias-calças

καλσόν

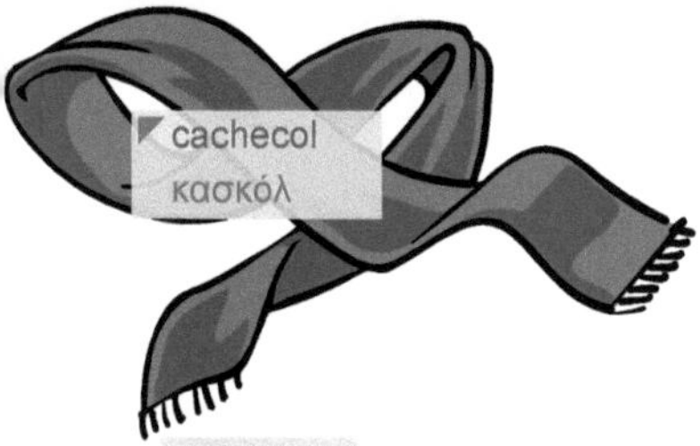

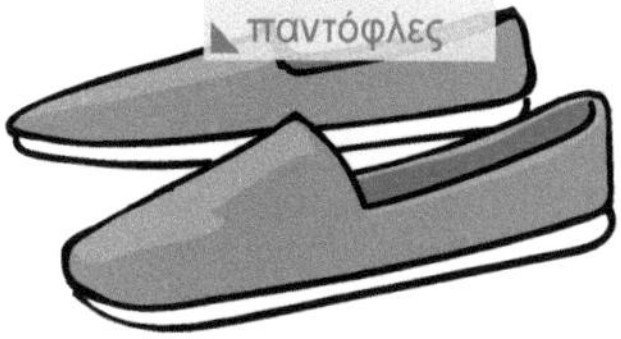

cachecol
κασκόλ

guarda-chuva
ομπρέλα

t-shirt
μπλουζάκι

cinto
ζώνη

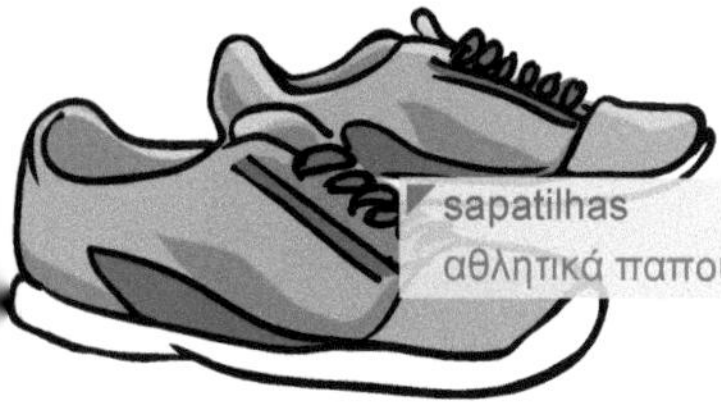

botas
μπότες

chinelos
παντόφλες

sapatilhas
αθλητικά παπούτσια

sandálias

σανδάλια

sapatos

παπούτσια

botas de borracha

γαλότσες

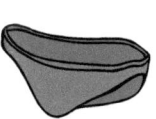

cuecas

εσώρουχο

sutiã

σουτιέν

camisola interior

φανέλα

body

σώμα

calças

παντελόνι

calças de ganga

τζιν παντελόνι

saia

φούστα

blusa

μπλούζα

camisa

πουκάμισο

pulôver

πουλόβερ

camisola com capuz

πουλόβερ

blazer

σακάκι

casaco

μπουφάν

manto

παλτό

gabardina

αδιάβροχο πανωφόρι

traje

κοστούμι

vestido

φόρεμα

vestido de casamento

νυφικό

vestuário - ρούχα

fato
κοστούμι

camisa de dormir
νυχτικό

pijama
πιτζάμες

sari
σάρι

lenço de cabeça
μαντήλι

turbante
τουρμπάνι

burca
μπούρκα

cafetã
καφτάνι

abaya
μουσουλμανικό ένδυμα

fato de banho
ολόσωμο μαγιό

calções de banho
ανδρικό μαγιό

calções
σορτς

fato de treino
αθλητική φόρμα

avental
ποδιά

luvas
γάντια

botão

κουμπί

óculos

γυαλιά

pulseira

βραχιόλι

colar

περιδέραιο

anel

δαχτυλίδι

brinco

σκουλαρίκι

boné

καπέλο

cabide

κρεμάστρα

chapéu

καπέλο

gravata

γραβάτα

fecho de correr

φερμουάρ

capacete

κράνος

suspensórios

τιράντες

uniforme escolar

μαθητική στολή

uniforme

στολή

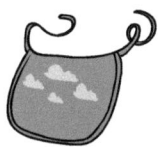

babete

σαλιάρα

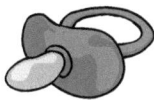

chupeta

πιπίλα

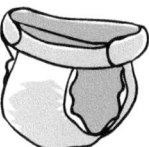

fralda

πάνα

escritório
γραφείο

servidor
σέρβερ
armário de arquivo
αρχειοθήκη
papel
χαρτί
impressora
εκτυπωτής
ecrã
οθόνη
secretária
γραφείο
rato
ποντίκι
pasta
ντοσιέ
teclado
πληκτρολόγιο
cesto de lixo
καλάθι αχρήστων
computador
υπολογιστής
cadeira
καρέκλα

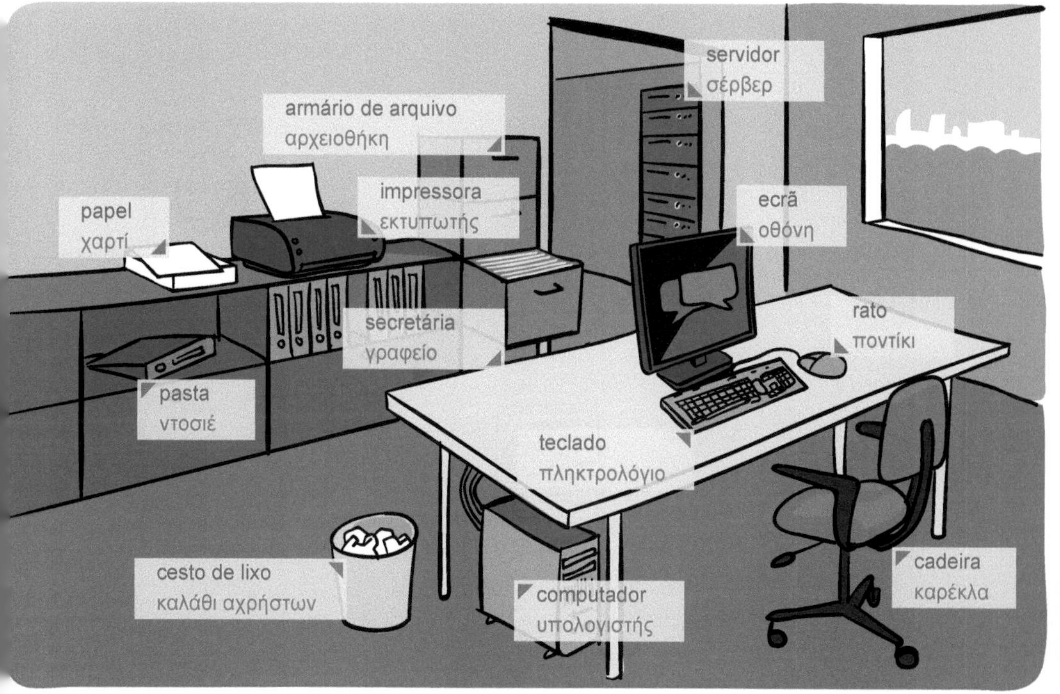

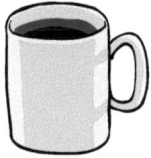

caneca de café

κούπα του καφέ

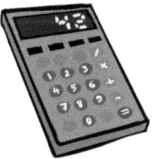

calculadora

κομπιουτεράκι

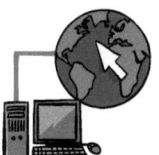

internet

ίντερνετ

computador portátil

λάπτοπ

carta

γράμμα

mensagem

μήνυμα

telemóvel

κινητό

rede

δίκτυο

fotocopiadora

φωτοτυπικό μηχάνημα

software

λογισμικό

telefone

τηλέφωνο

tomada elétrica

πρίζα

fax

συσκευή φαξ

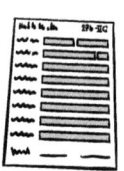

formulário

έντυπο

documento

έγγραφο

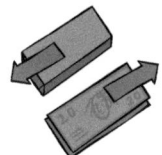

comprar

αγοράζω

pagar

πληρώνω

negociar

συναλλάσσομαι

dinheiro

χρήματα

dólar

δολάριο

euro

ευρώ

yen

γιεν

rublo

ρούβλι

franco suíço

ελβετικό φράγκο

renminbi yuan

ρενμίνμπι γιουάν

rupia

ρουπία

caixa de multibanco

ATM (αυτόματη ταμειακή μηχανή)

casa de câmbio

ανταλλακτήρια συναλλάγματος

ouro

χρυσός

prata

ασήμι

petróleo

πετρέλαιο

energia

ενέργεια

preço

τιμή

contrato

συμβόλαιο

imposto

φόρος

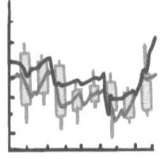

ação

μετοχή

trabalhar

δουλεύω

empregado

υπάλληλος

entidade patronal

εργοδότης

fábrica

εργοστάσιο

loja

κατάστημα

profissões
επαγγέλματα

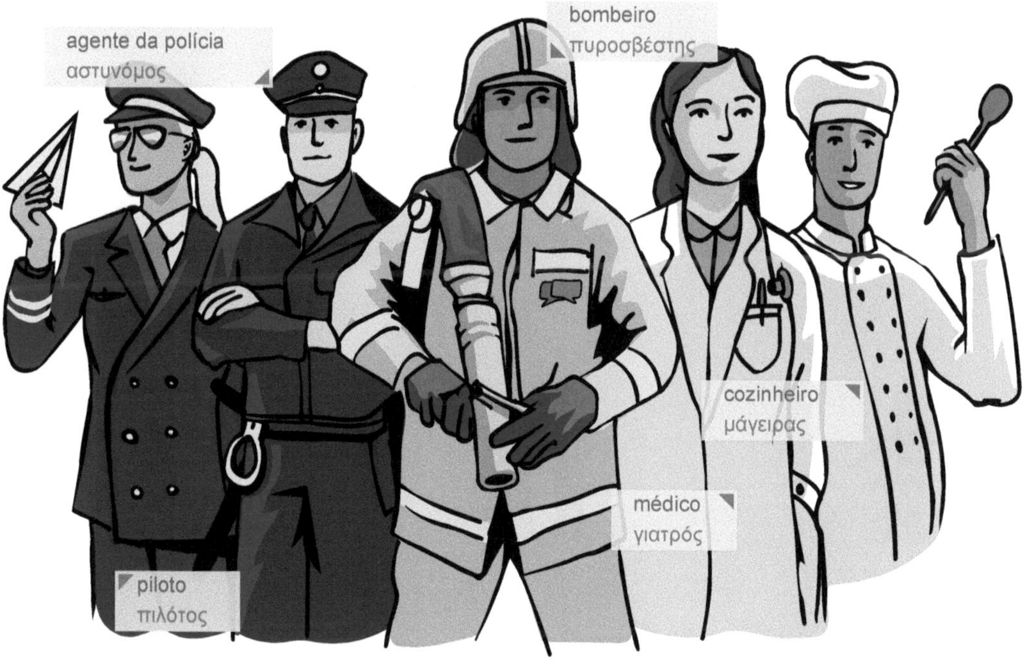
agente da polícia
αστυνόμος
bombeiro
πυροσβέστης
cozinheiro
μάγειρας
médico
γιατρός
piloto
πιλότος

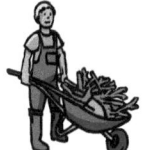

jardineiro

κηπουρός

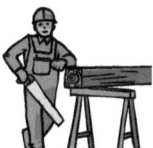

carpinteiro

ξυλουργός

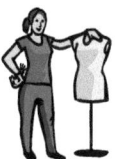

costureira

μοδίστρα

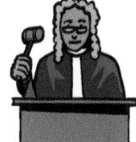

juiz

δικαστής

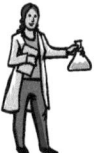

químico

χημικός

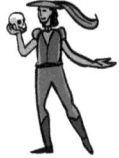

ator

ηθοποιός

motorista de autocarro

οδηγός λεωφορείου

motorista de táxi

ταξιτζής

pescador

ψαράς

empregada de limpeza

καθαρίστρια

telhador

τεχνίτης στεγών

empregado de mesa

σερβιτόρος

caçador

κυνηγός

pintor

ζωγράφος

padeiro

αρτοποιός

eletricista

ηλεκτρολόγος

construtor

οικοδόμος

engenheiro

μηχανολόγος

talhante

κρεοπώλης

canalizador

υδραυλικός

carteiro

ταχυδρόμος

soldado

στρατιώτης

arquiteto

αρχιτέκτονας

caixa

ταμίας

florista

ανθοπώλης

cabeleireiro

κομμωτής

controlador de bilhetes

ελεγκτής εισιτηρίων

mecânico

μηχανικός

capitão

καπετάνιος

dentista

οδοντίατρος

cientista

επιστήμονας

rabino

ραβίνος

imã

ιμάμης

monge

μοναχός

pastor

ιερέας

profissões - επαγγέλματα

ferramentas
εργαλεία

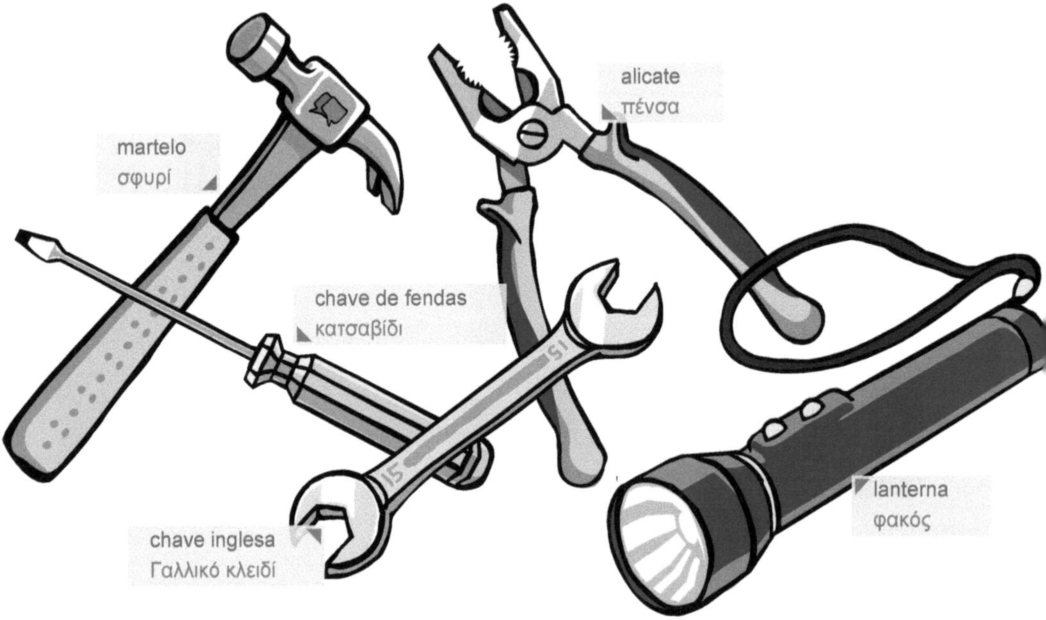
alicate
πένσα
martelo
σφυρί
chave de fendas
κατσαβίδι
lanterna
φακός
chave inglesa
Γαλλικό κλειδί

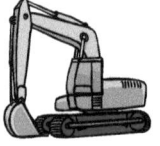

escavadora

εκσκαφέας

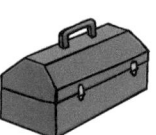

caixa de ferramentas

εργαλειοθήκη

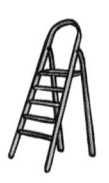

escadote

σκάλα

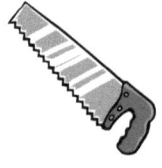

serra

πριόνι

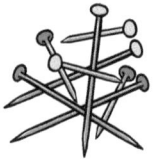

pregos

καρφιά

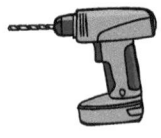

broca

τρυπάνι

reparar

επισκευάζω

pá

φτυάρι

porcaria!

Να πάρει!

pá de lixo

φαράσι

pote de tinta

δοχείο χρωμάτων

parafusos

βίδες

instrumentos musicais
μουσικά όργανα

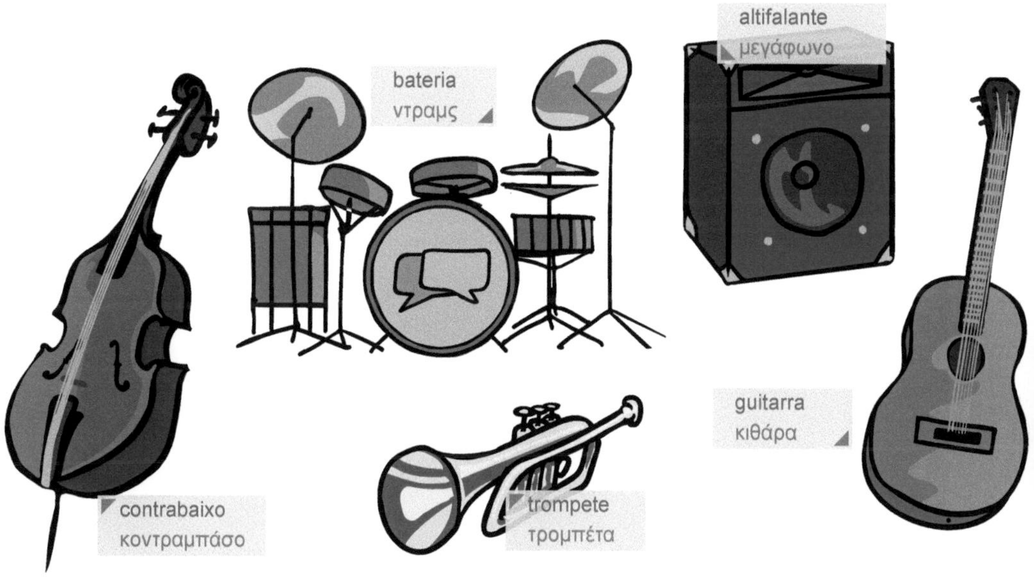

bateria
ντραμς

altifalante
μεγάφωνο

contrabaixo
κοντραμπάσο

trompete
τρομπέτα

guitarra
κιθάρα

piano

πιάνο

violino

βιολί

baixo

μπάσο

timbales

τύμπανα

tambor

τύμπανο

teclado

πλήκτρα

saxofone

σαξόφωνο

flauta

φλάουτο

microfone

μικρόφωνο

jardim zoológico
ζωολογικός κήπος

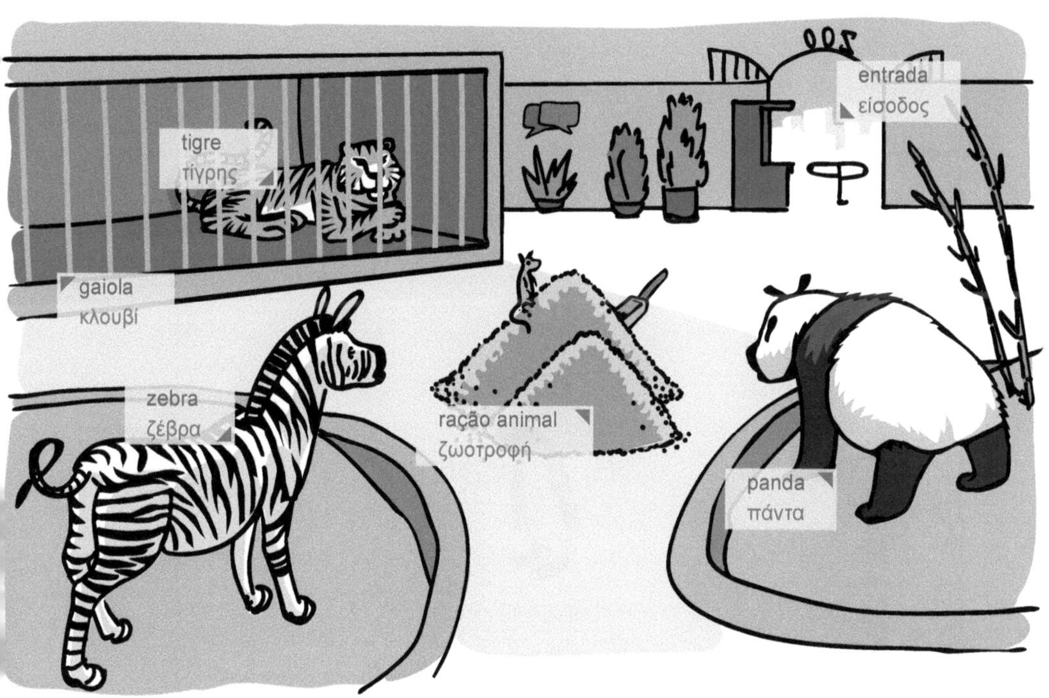
entrada
είσοδος
tigre
τίγρης
gaiola
κλουβί
zebra
ζέβρα
ração animal
ζωοτροφή
panda
πάντα

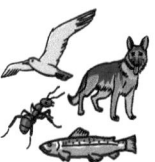

animais

ζώα

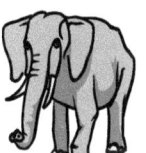

elefante

ελέφαντας

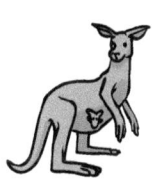

canguru

καγκουρό

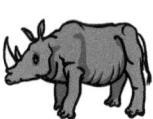

rinoceronte

ρινόκερος

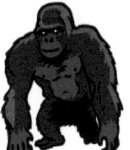

gorila

γορίλας

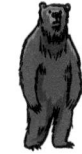

urso

αρκούδα

camelo

καμήλα

avestruz

στρουθοκάμηλος

leão

λιοντάρι

macaco

πίθηκος

flamingo

φλαμίνγκο

papagaio

παπαγάλος

urso polar

πολική αρκούδα

pinguim

πιγκουίνος

tubarão

καρχαρίας

pavão

παγώνι

cobra

φίδι

crocodilo

κροκόδειλος

guarda do jardim zoológico

φύλακας ζωολογικού κήπου

foca

φώκια

jaguar

τζάγκουαρ

pónei

πόνυ

leopardo

λεοπάρδαλη

hipopótamo

ιπποπόταμος

girafa

καμηλοπάρδαλη

águia

αετός

javali

αγριογούρουνο

peixe

ψάρι

tartaruga

χελώνα

morsa

θαλάσσιος ίππος

raposa

αλεπού

gazela

γαζέλα

futebol americano
Αμερικάνικο ποδόσφαιρο

ciclismo
ποδηλασία

ténis
αντισφαίριση

basquetebol
μπάσκετ

natação
κολύμβηση

hóquei no gelo
χόκεϋ επί πάγου

boxe
πυγχαμία

futebol	badminton	atletismo
ποδόσφαιρο	μπάντμιντον	στίβος
andebol	esqui	polo
χάντμπολ	σκι	πόλο

atividades
δραστηριότητες

rir
γελάω
saltar
πηδάω
abraçar
αγκαλιάζω
andar
περπατάω
cantar
τραγουδάω
sonhar
ονειρεύομαι
rezar
προσεύχομαι
beijar
φιλάω

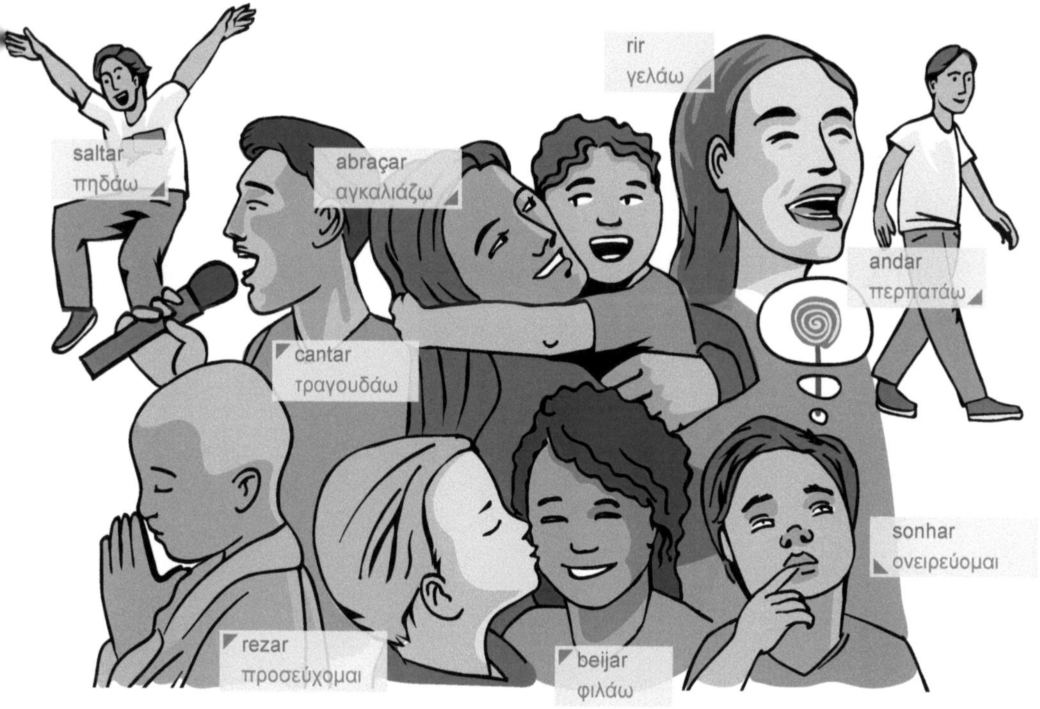

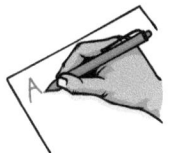

escrever
....
γράφω

desenhar
....
σχεδιάζω

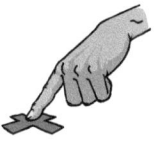

mostrar
....
δείχνω

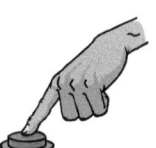

empurrar
....
πιέζω

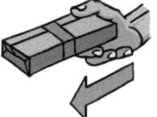

dar
....
δίνω

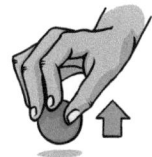

tomar
....
παίρνω

ter

έχω

fazer

κάνω

ser

είμαι

ficar de pé

στέκομαι

correr

τρέχω

puxar

τραβάω

remessar

ρίχνω

cair

πέφτω

deitar

ξαπλώνω

esperar

περιμένω

carregar

κουβαλώ

sentar

κάθομαι

vestir

φοράω

dormir

κοιμάμαι

acordar

ξυπνάω

olhar para

κοιτάω

chorar

κλαίω

acariciar

χαϊδεύω

pentear

χτενίζω

falar

μιλάω

compreender

καταλαβαίνω

perguntar

ρωτάω

ouvir

ακούω

beber

πίνω

comer

τρώω

arrumar

συγυρίζω

amar

αγαπάω

cozinhar

μαγειρεύω

conduzir

οδηγώ

voar

πετάω

velejar

κάνω ιστιοπλοΐα

calcular

υπολογίζω

ler

διαβάζω

aprender

μαθαίνω

trabalhar

δουλεύω

casar

παντρεύομαι

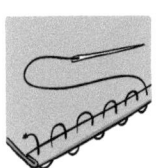

costurar

ράβω

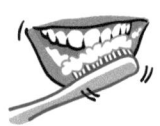

escovar os dentes

βουρτσίζω τα δόντια

matar

σκοτώνω

fumar

καπνίζω

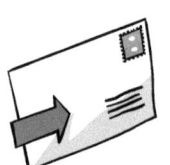

enviar

στέλνω

avó
γιαγιά

avô
παππούς

pai
πατέρας

mãe
μητέρα

bebé
μωρό

filha
κόρη

filho
γιος

convidado

καλεσμένος

tia

θεία

tio

θείος

irmão

αδελφός

irmã

αδελφή

corpo
σώμα

testa
μέτωπο
olho
μάτι
ombro
ώμος
dedo
δάχτυλο
cara
πρόσωπο
queixo
πιγούνι
mão
χέρι
perna
πόδι
peito
στήθος
braço
βραχίονας

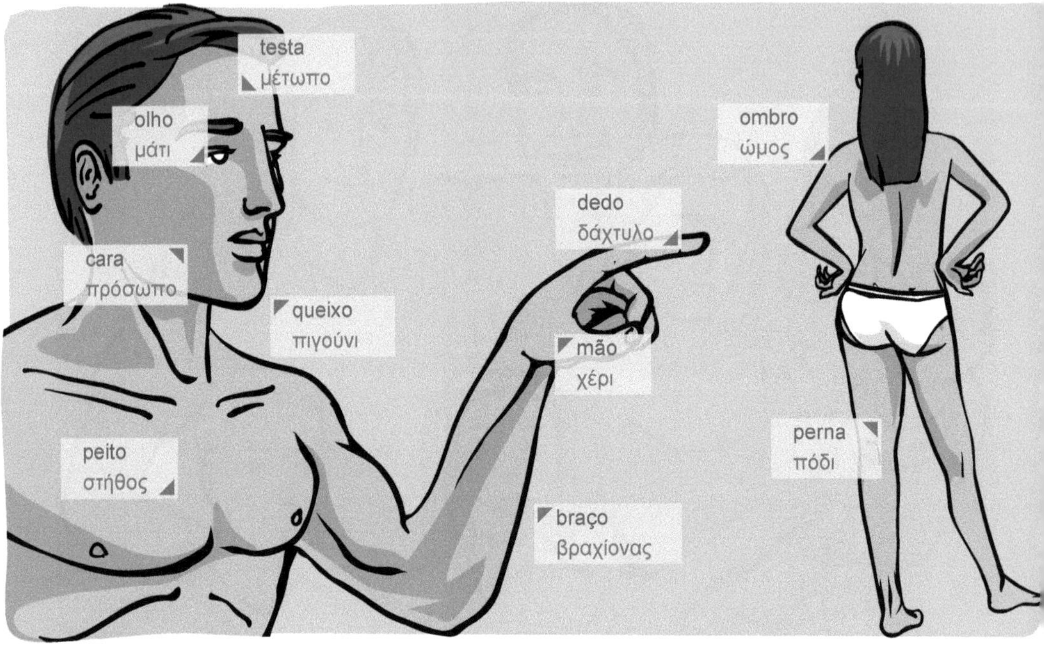

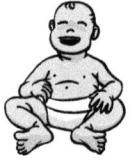

bebé
μωρό

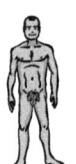

homem
άνδρας

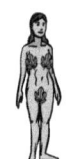

mulher
γυναίκα

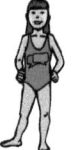

menina
κορίτσι

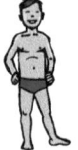

menino
αγόρι

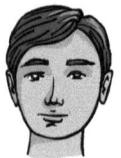

cabeça
κεφάλι

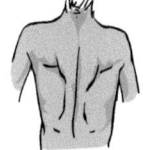

costas

πλάτη

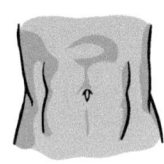

barriga

κοιλιά

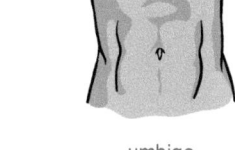

umbigo

αφαλός

dedo do pé

δάχτυλο ποδιού

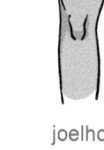

calcanhar

φτέρνα

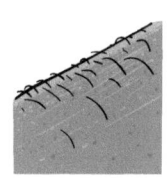

osso

κόκκαλο

anca

γοφός

joelho

γόνατο

cotovelo

αγκώνας

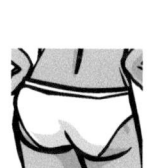

nariz

μύτη

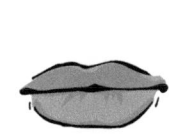

nádegas

γλουτός

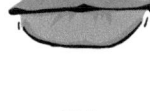

pele

δέρμα

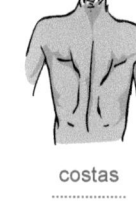

bochecha

μάγουλο

orelha

αυτί

lábio

χείλος

boca

στόμα

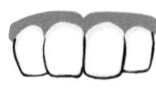

dente

δόντι

língua

γλώσσα

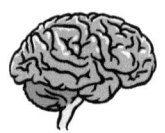

cérebro

εγκέφαλος

coração

καρδιά

músculo

μυς

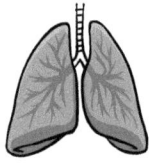

pulmão

πνεύμονας

fígado

συκώτι

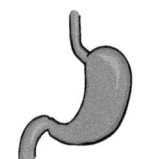

estômago

στομάχι

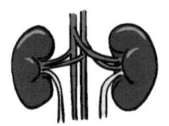

rins

νεφρά

relações sexuais

σεξουαλική επαφή

preservativo

προφυλακτικό

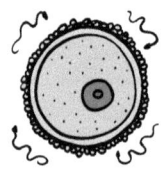

óvulo

ωάριο

esperma

σπέρμα

gravidez

εγκυμοσύνη

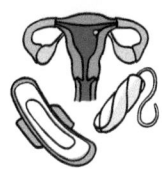

menstruação
....
περίοδος

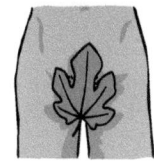

vagina
....
γυναικείος κόλπος

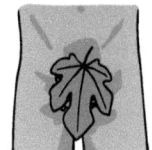

pénis
....
πέος

sobrancelha
....
φρύδι

cabelo
....
μαλλιά

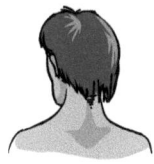

pescoço
....
λαιμός

hospital
νοσοκομείο

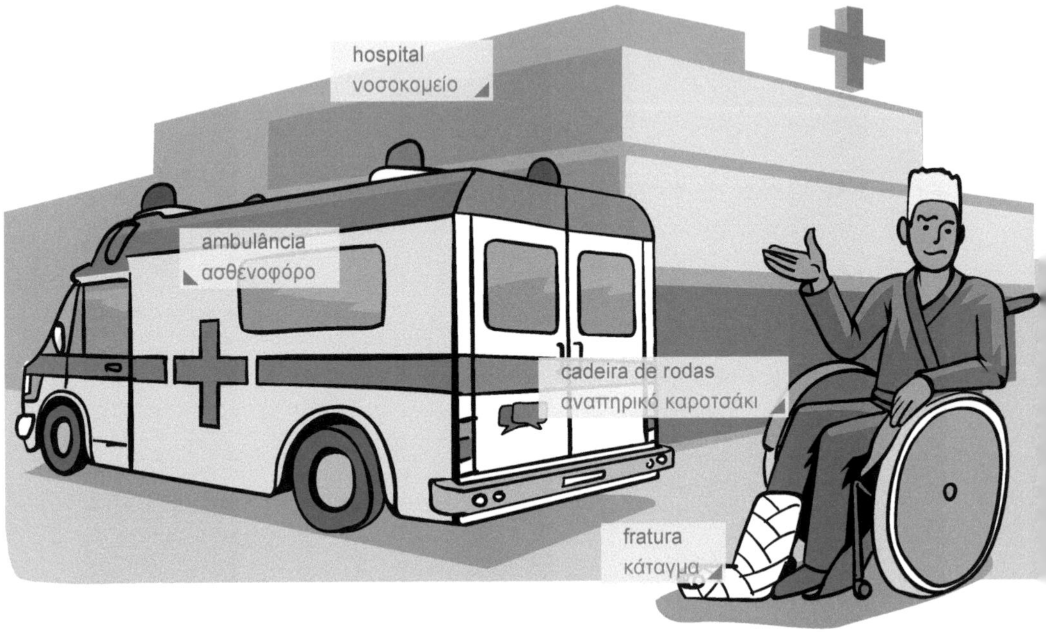

hospital
νοσοκομείο
ambulância
ασθενοφόρο
cadeira de rodas
αναπηρικό καροτσάκι
fratura
κάταγμα

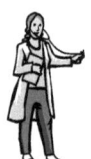

médico

γιατρός

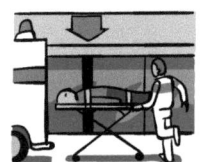

serviço de urgências

μονάδα εντατικής θεραπείας

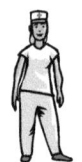

enfermeira

νοσοκόμα

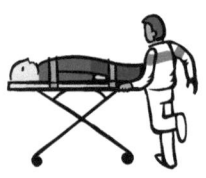

emergência

έκτακτη ανάγκη

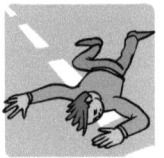

inconsciente

λιπόθυμος

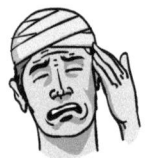

dor

πόνος

ferimento

τραύμα

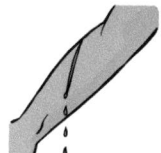

hemorragia

αιμορραγία

ataque cardíaco

έμφραγμα

acidente vascular cerebral

εγκεφαλικό

alergia

αλλεργία

tosse

βήχας

febre

πυρετός

gripe

γρίπη

diarreia

διάρροια

dor de cabeça

πονοκέφαλος

cancro

καρκίνος

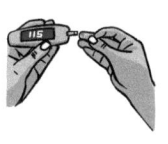

diabetes

διαβήτης

cirurgião

χειρουργός

bisturi

νυστέρι

operação

εγχείρηση

CT
αξονική τομογραφία

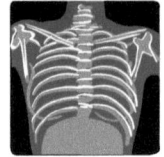

raio x
ακτινογραφία

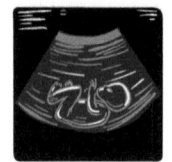

ultrassom
υπέρηχος

máscara
μάσκα

doença
ασθένεια

sala de espera
αίθουσα αναμονής

muleta
πατερίτσα

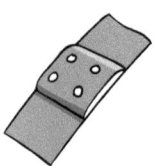

penso rápido
χάνσαπλαστ

ligadura
επίδεσμος

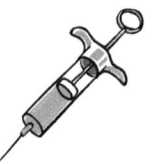

injeção
ένεση

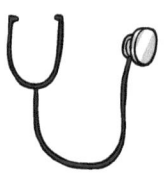

estetoscópio
στηθοσκόπιο

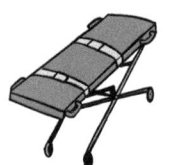

maca
φορείο

termómetro
θερμόμετρο

nascimento
γέννηση

excesso de peso
υπέρβαρο

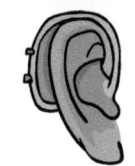

aparelho auditivo

ακουστικό βαρηκοΐας

desinfetante

αντισηπτικό

infeção

λοίμωξη

vírus

ιός

HIV / SIDA

HIV/AIDS

medicamento

φάρμακο

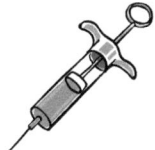

vacinação

εμβολιασμός

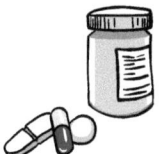

comprimidos

δισκία

pílula

χάπι

chamada de emergência

κλήση έκτακτης ανάγκης

dispositivo de medição de
pressão arterial

πιεσόμετρο αίματος

doente / saudável

άρρωστος / υγιής

Socorro!
Βοήθεια!

alarme
συναγερμός

assalto
βιαιοπραγία

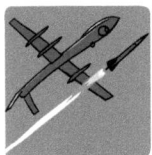

ataque
επίθεση

perigo
κίνδυνος

saída de emergência
έξοδος κινδύνου

Fogo!
Φωτιά!

extintor de incêndios
πυροσβεστήρας

acidente
ατύχημα

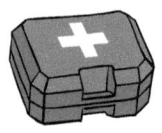

estojo de primeiros socorros
κουτί πρώτων βοηθειών

SOS
SOS

polícia
αστυνομία

Europa

Ευρώπη

América do Norte

Βόρεια Αμερική

América do Sul

Νότια Αμερική

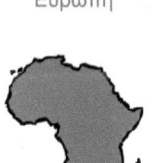

África

Αφρική

Ásia

Ασία

Austrália

Αυστραλία

Atlântico

Ατλαντικός Ωκεανός

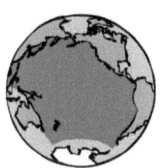

Pacífico

Ειρηνικός Ωκεανός

Oceano Índico

Ινδικός Ωκεανός

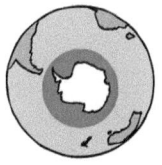

Oceano Antártico

Ανταρκτικός Ωκεανός

Oceano Ártico

Αρκτικός Ωκεανός

Polo Norte

Βόρειος Πόλος

Polo Sul

Νότιος Πόλος

Antártica

Ανταρκτική

terra

Γη

país

γη

mar

θάλασσα

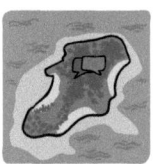

ilha

νησί

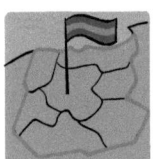

nação

έθνος

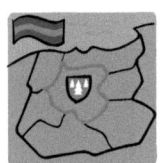

estado

πολιτεία

mostrador do relógio

καντράν ρολογιού

ponteiro das horas

ωροδείκτης

ponteiro dos minutos

λεπτοδείκτης

ponteiro dos segundos

δείκτης δευτερολέπτων

Que horas são?

Τι ώρα είναι;

dia

ημέρα

tempo

χρόνος

agora

τώρα

relógio digital

ψηφιακό ρολόι

minuto

λεπτό

hora

ώρα

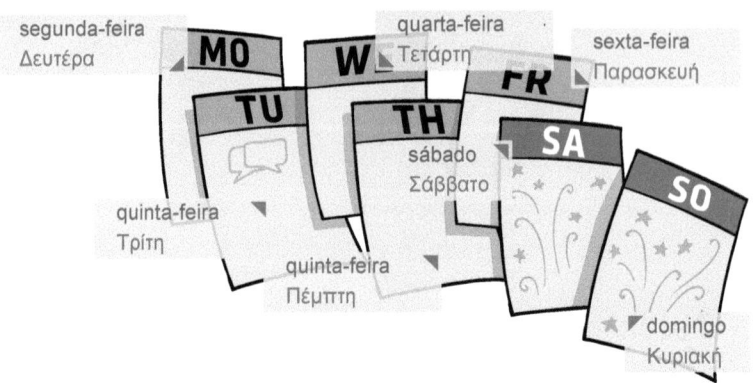

segunda-feira
Δευτέρα

quarta-feira
Τετάρτη

sexta-feira
Παρασκευή

sábado
Σάββατο

quinta-feira
Τρίτη

quinta-feira
Πέμπτη

domingo
Κυριακή

ontem

χθες

hoje

σήμερα

amanhã

αύριο

manhã

πρωί

meio-dia

μεσημέρι

entardecer

βράδυ

MO	TU	WE	TH	FR	SA	SU
1	2	3	4	5	6	7
8	9	10	11	12	13	14
15	16	17	18	19	20	21
22	23	24	25	26	27	28
29	30	31	1	2	3	4

dias úteis

εργάσιμες ημέρες

MO	TU	WE	TH	FR	SA	SU
1	2	3	4	5	6	7
8	9	10	11	12	13	14
15	16	17	18	19	20	21
22	23	24	25	26	27	28
29	30	31	1	2	3	4

fim de semana

Σαββατοκύριακο

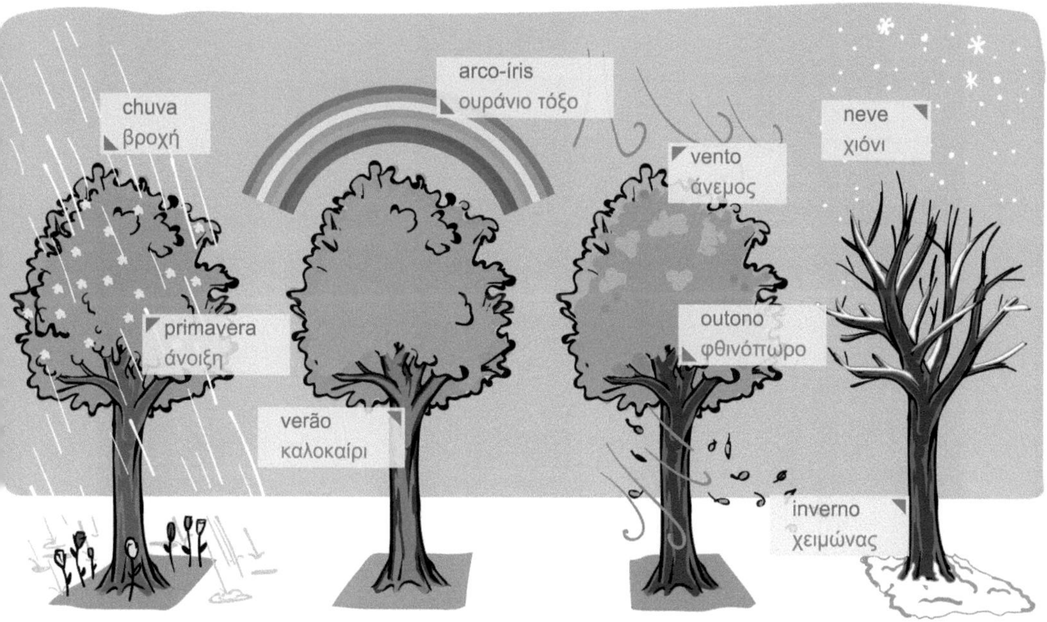

chuva
βροχή

arco-íris
ουράνιο τόξο

neve
χιόνι

vento
άνεμος

primavera
άνοιξη

outono
φθινόπωρο

verão
καλοκαίρι

inverno
χειμώνας

4.APRIL	11°	☀
5.APRIL	4°	☁
6.APRIL	13°	☂
7.APRIL	8°	☀
8.APRIL	10°	☀

previsão do tempo

πρόγνωση καιρού

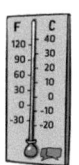

termómetro

θερμόμετρο

raios de sol

λιακάδα

nuvem

σύννεφο

neblina / nevoeiro

ομίχλη

humidade do ar

υγρασία

relâmpago

αστραπή

trovão

κεραυνός

tempestade

καταιγίδα

granizo

χαλάζι

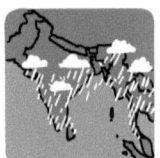

monção

μουσώνας

inundação

πλημμύρα

gelo

πάγος

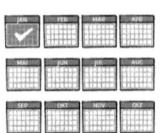

janeiro

Ιανουάριος

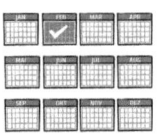

fevereiro

Φεβρουάριος

março

Μάρτιος

abril

Απρίλιος

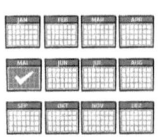

maio

Μάιος

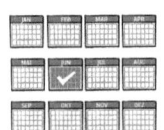

junho

Ιούνιος

julho

Ιούλιος

agosto

Αύγουστος

ano - έτος

setembro

Σεπτέμβριος

outubro

Οκτώβριος

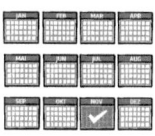

novembro

Νοέμβριος

dezembro

Δεκέμβριος

formas
σχήματα

círculo

κύκλος

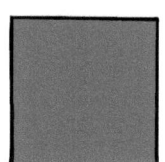

quadrado

τετράγωνο

retângulo

ορθογώνιο
παραλληλόγραμμο

triângulo

τρίγωνο

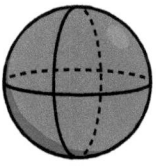

esfera

σφαίρα

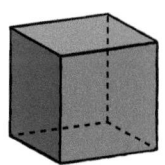

cubo

κύβος

formas - σχήματα

branco

....

άσπρο

amarelo

....

κίτρινο

laranja

....

πορτοκαλί

rosa

....

ροζ

vermelho

....

κόκκινο

lilás

....

μωβ

azul

....

μπλε

verde

....

πράσινο

castanho

....

καφέ

cinzento

....

γκρι

preto

....

μαύρο

muito / pouco

πολύ / λίγο

furioso / calmo

θυμωμένος / ήρεμος

lindo / feio

όμορφος / άσχημος

princípio / fim

αρχή / τέλος

grande / pequeno

μεγάλος / μικρός

claro / escuro

φωτεινός / σκοτεινός

irmão / irmã

αδελφός / αδελφή

limpo / sujo

καθαρός / λερωμένος

completo / incompleto

πλήρης / ατελής

dia / noite

ημέρα / νύχτα

morto / vivo

νεκρός / ζωντανός

largo / estreito

φαρδύς / στενός

comestível / não comestível

βρώσιμος / μη βρώσιμος

mau / gentil

κακός / ευγενικός

entusiasmado / entediado

ενθουσιασμένος / βαριεστημένος

gordo / magro

παχύς / λεπτός

primeiro / último

πρώτος / τελευταίος

amigo / inimigo

φίλος / εχθρός

cheio / vazio

γεμάτος / άδειος

duro / macio

σκληρός / μαλακός

pesado / leve

βαρύς / ελαφρύς

fome / sede

πείνα / δίψα

doente / saudável

άρρωστος / υγιής

ilegal / legal

παράνομος / νόμιμος

inteligente / burro

έξυπνος / χαζός

esquerda / direita

αριστερός / δεξιός

perto / longe

κοντινός / μακρινός

novo / usado

καινούριος /
μεταχειρισμένος

nada / algo

τίποτα / κάτι

velho / jovem

γέρος | νέος

ligado / desligado

αναμμένος / σβηστός

aberto / fechado

ανοιχτός / κλειστός

baixo / alto

χαμηλόφωνος /
μεγαλόφωνος

rico / pobre

πλούσιος / φτωχός

certo / errado

σωστός / λανθασμένος

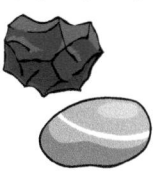

áspero / liso

τραχύς / λείος

triste / feliz

λυπημένος / χαρούμενος

curto / longo

κοντός / μακρύς

lento / rápido

αργός / γρήγορος

molhado / seco

υγρός / στεγνός

ameno / fresco

ζεστός / δροσερός

guerra / paz

πόλεμος / ειρήνη

0	**1**	**2**
zero	um	dois
μηδέν	ένα	δύο
3	**4**	**5**
três	quatro	cinco
τρία	τέσσερα	πέντε
6	**7**	**8**
seis	sete	oito
έξι	εφτά	οκτώ
9	**10**	**11**
nove	dez	onze
εννιά	δέκα	έντεκα

12
doze
δώδεκα

13
treze
δεκατρία

14
catorze
δεκατέσσερα

15
quinze
δεκαπέντε

16
dezasseis
δεκαέξι

17
dezassete
δεκαεφτά

18
dezoito
δεκαοκτώ

19
dezanove
δεκαεννέα

20
vinte
είκοσι

100
cem
εκατό

1.000
mil
χίλια

1.000.000
milhão
εκατομμύριο

inglês

Αγγλικά

inglês americano

Αμερικάνικα Αγγλικά

chinês mandarim

Μανδαρίνικα Κινέζικα

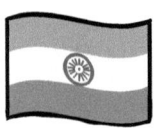

hindi

Χίντι

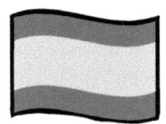

espanhol

Ισπανικά

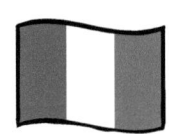

francês

Γαλλικά

árabe

Αραβικά

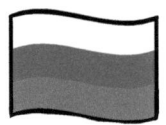

russo

Ρώσικα

português

Πορτογαλικά

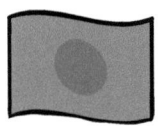

bengalês

Μπενγκάλι

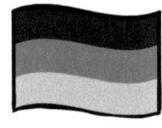

alemão

Γερμανικά

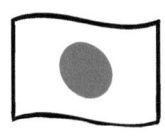

japonês

Ιαπωνικά

eu

εγώ

tu

εσύ

ele / ela

αυτός / αυτή / αυτό

nós

εμείς

vós

εσείς

eles / elas

αυτοί / αυτές / αυτά

quem?

ποιος / ποια / ποιο;

o quê?

τι;

como?

πώς;

onde?

πού;

quando?

πότε;

nome

όνομα

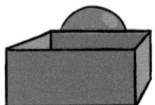

atrás

πίσω

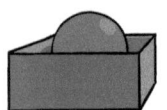

em

μέσα

à frente de

μπροστά

sobre

πάνω από

em cima

πάνω

debaixo

κάτω

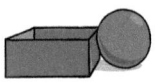

ao lado

δίπλα

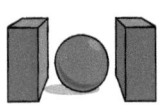

entre

ανάμεσα

lugar

μέρος